Minimalismo y administración del tiempo

2 libros en 1

Estrategias simples y efectivas para despejar la mente e incrementar productividad con hábitos inteligentes de minimalismo (guía principiantes)

Organización & minimalismo

Adiós a las cosas, hola libertad: descubra métodos de vanguardia para despejar su mente y vivir una vida más plena con menos (guía para principiantes)

Copyright 2019 - Todos los derechos reservados.

El siguiente libro se reproduce a continuación con el objetivo de proporcionar información lo más precisa y fiable posible. Independientemente de ello, la compra de este libro puede considerarse como un consentimiento al hecho de que tanto el editor como el autor de este libro no son de ninguna manera expertos en los temas tratados en él y que cualquier recomendación o sugerencia que se haga en el presente documento es solo para fines de entretenimiento. Los profesionales deben ser consultados cuando sea necesario antes de emprender cualquiera de las acciones aquí aprobadas.

Esta declaración es considerada justa y válida tanto por la Asociación Americana de Abogados como por el Comité de la Asociación de Editores y es legalmente vinculante en todos los Estados Unidos.

Además, la transmisión, duplicación o reproducción de cualquiera de los siguientes trabajos, incluyendo información específica, se considerará un acto ilegal, independientemente de si se realiza por vía electrónica o impresa. Esto se extiende a la creación de una copia secundaria o terciaria de la obra o de una copia grabada y solo se permite con el consentimiento expreso por escrito del Editor. Todos los derechos adicionales reservados.

La información de las páginas siguientes se considera en general como un relato veraz y preciso de los hechos y, como tal, cualquier falta de atención, uso o uso indebido de la información en cuestión por parte del lector hará que las acciones resultantes queden exclusivamente bajo su responsabilidad. No hay escenarios en los que el editor o el autor original de este trabajo pueda ser considerado de alguna manera responsable por cualquier dificultad o daño que les pueda ocurrir después de haber realizado la información aquí descrita.

Además, la información de las páginas siguientes está destinada únicamente a fines informativos y, por lo tanto, debe considerarse como universal. Como corresponde a su naturaleza, se presenta sin garantía de su validez prolongada o de su calidad provisional. Las marcas registradas que se mencionan se hacen sin consentimiento por escrito y de ninguna manera pueden ser consideradas como un endoso del titular de la marca registrada.

Tabla de Contenidos

INTRODUCCIÓN 9

CAPÍTULO UNO - ENTENDER EL MINIMALISMO 12
  ¿Qué es el minimalismo? 12
  Minimalismo vs. Cultura de consumo................................. 13
  8 beneficios del minimalismo para proteger la vida 14
  La Relación entre Minimalismo y Desorden......................... 16
  Las señales de advertencia señalan que el desorden que no se puede ignorar... 17

CAPÍTULO DOS – ESTABLECER LAS BASES PARA SU MEJOR VERSIÓN MINIMALISTA 20
  Principios poderosos para ayudarlo a ver el mundo como un verdadero minimalista 20
  Hábitos minimalistas cotidianos para llegar a la zona 28

CAPÍTULO TRES – ORGANICE SU HOGAR 101 35
  Organice poco a poco: ¿Cómo empiezo?............................. 35
  Consejos para mantener un hogar ordenado permanentemente .. 36
  Preguntas que debe hacerse antes de comprar cualquier cosa 47
  La estrategia de la lista de deseos de 30 días 48

CAPÍTULO CUATRO - LIBÉRESE DEL DESORDEN EMOCIONAL Y MENTAL 50
  Factores que facilitan el desorden mental 57
  Prácticas que debe conocer para ayudarle a lidiar con el desorden mental... 58
  Cómo identificar sus valores fundamentales........................ 65
  Todo lo que necesita saber acerca de cómo declarar sus relaciones... 66

CAPÍTULO CINCO - LOS SECRETOS DEL MINIMALISMO FINANCIERO 76
Cómo el minimalismo puede ayudarle financieramente 50
Consejos minimalistas para ayudarle a lograr la libertad financiera 52

CAPÍTULO SEIS – ORGANIZACIÓN AVANZADA EN SU HOGAR 76
Una guía de limpieza de habitación por habitación 76
Consejos para deshacerse del desorden sentimental 79
La mejor manera de decorar y diseñar un hogar minimalista 80

CAPÍTULO SIETE – DESORDEN DIGITAL 83
Los principios del minimalismo digital 84
Consejos importantes para vencer el desorden digital 85

CAPITULO OCHO - PERFECCIONANDO LA EXPERIENCIA DEL MINIMALISMO 88
Por qué necesitamos más experiencias que cosas materiales 88
Experiencias que son mejores que cualquier objeto material que pueda comprar 90

CONCLUSIÓN 96

INTRODUCCIÓN

Puede suceder en un abrir y cerrar de ojos: un día te despiertas y descubres que tu vida está atascada. Te das cuenta de que no necesitas la mayoría de las cosas que tienes actualmente. Descubres que te has metido en el agujero negro del desorden y que, si no tienes cuidado, podrías deslizarte aún más profundo y perder la verdadera esencia de tu vida. Las posesiones alrededor de su hogar podrían caer en cualquiera de estas categorías: cosas compradas, cosas heredadas y regalos recibidos. En un momento u otro de tu vida, todas estas cosas sirvieron para un propósito en particular. Eras feliz con ellos, hasta que te diste cuenta de que ya no los necesitabas. Estos artículos fueron lanzados en un espacio de su hogar y comenzaron a ocuparlo permanentemente. Con el tiempo, las cosas se han acumulado y ahora has perdido el control. Es como si fueras el protagonista de una película de terror y todos estos objetos han invadido tu hogar con el único objetivo de atormentarte.

Usted ha elegido el libro correcto. Se lo puedo asegurar. En estos capítulos, expondré formas menos conocidas de reclamar tu vida, tu mente y tus finanzas. Una cosa es notar la presencia de desorden en tu vida, pero otra cosa es saber cómo deshacerse de él. La gente tiende a ignorar el desorden en sus vidas, no porque se sientan cómodos con él, sino porque no saben cómo aliviarlo. Esto puede ser lo más frustrante de todo. De hecho, es mejor no descubrir la presencia de desorden que descubrirlo y no saber qué hacer al respecto. La verdad es que el desorden puede fácilmente llegar a ser tan grande y elevado que no puedes evitar notarlo. Estos monstruos de desorden son la razón por la que me embarqué en este viaje Con mi gran conocimiento en tu arsenal, usted vencerá el desorden en poco tiempo.

Me gusta referirme a mí mismo como un "Agente Organizador". Puede sonar extraño (puede que te preguntes: "¿Es eso realmente una cosa? ¿La gente estudia eso en la escuela?") pero existimos, créeme. La gente de hoy en día finalmente está dispuesta a dejar ir la basura acumulada en sus sótanos y áticos, y los expertos como yo les ayudamos a lograr este objetivo. Desde la temprana edad de siete años, empecé lo que cariñosamente llamo "Un experimento sobre el desorden". Es un trabajo en progreso, pero he descubierto información valiosa sobre cómo matar de hambre el desorden de su fuerza vital y obstaculizar su crecimiento. ¡Hay un antídoto para la mordedura de este monstruo!

El antídoto es este: minimalismo y decadencia. Los dos van de la mano y las maravillas que hacen en su hogar y en su vida son sorprendentemente transformadoras.

En la mente ignorante, la palabra "minimalismo" puede a veces evocar visiones de pobreza, frugalidad extrema o incluso mezquindad. Esta visión es completamente inexacta. El minimalismo te pone en control de tu vida. ¿Sabes cómo dicen, "menos es más"? El minimalismo y su enfoque de la decadencia le ayudará a recuperar todos los espacios personales que han sido consumidos por la basura. Su hogar finalmente se convertirá en un lugar donde puede vivir libremente, sin obstáculos, y la vida será más placentera y satisfactoria, en general. ¡Es posible lograr esto!

El estudio del minimalismo y la decadencia es algo a lo que he dedicado gran parte de mi vida y mi carrera. Y muchos de mis clientes anteriores alaban los resultados positivos que han visto después de emplear los métodos enseñados en mis seminarios y *webinars*. Muchos de mis clientes han superado la depresión y la ansiedad, y la mayoría han aprendido a recuperar el control sobre sus caóticas vidas. Estos brillantes testimonios me han obligado a compilar un archivo actualizado y muy completo de mis métodos. Estas son las mismas herramientas y técnicas que enseño a mis clientes. La gente que se adhiere a mis instrucciones rara vez se encuentra cara a cara con el desorden de nuevo. Todo lo que necesitas es la dosis correcta de autodisciplina y estás listo para empezar.

Minimalismo

El enfoque que aporto al tema de la decadencia y el minimalismo es simple y directo. Entiendo que algunos de mis lectores serán estudiantes por primera vez del tema, así que será mejor si se diluye para su fácil comprensión. El acto de organizar puede ser confundido con una secuencia de acciones que involucran el proceso de organizar o poner las cosas en su lugar, pero les digo que hay más que eso. El éxito final del proceso depende de la mentalidad y de la determinación de mantener la coherencia. No solo te enseñaré cómo ordenar tu hogar, también te mostraré cómo ordenar tu vida, tu mente y tus pensamientos. Es un proceso completo, y si se ignora una faceta, es posible que nunca se logre el éxito.

Piensa en el desorden de tu vida como un monstruo cada vez mayor. No hay forma de detener su crecimiento. A medida que pasa el tiempo, usted adquirirá más artículos para el hogar, utensilios de cocina, juguetes para niños y ropa. Todas estas cosas se acumulan y se amontonan en las esquinas de la hogar. Todo esto puede no parecer peligroso en el sentido real de peligro, pero el desorden es un veneno para la vida, un virus que ralentiza el sistema operativo de su vida. Comprenda que su hogar, mente, negocio y familia están en juego debido a la presencia de desorden.

Un proverbio chino dice que la mejor época para plantar un árbol es hace veinte años. El segundo mejor momento es ahora. ¡La solución no es solo tomar medidas, sino tomar las medidas necesarias AHORA! No importa cuán conmovido esté por los puntos detallados en este libro, nunca logrará un éxito minimalista tangible hasta que comience a aplicar los métodos enumerados. Sentirás un empujón mientras lees este libro; no te contengas. Dibuje un pequeño horario para ti y sígalo. Haz un esfuerzo consciente para despejar tu vida. Recuerde, solo usted puede ayudarlo.

CAPÍTULO UNO - ENTENDER EL MINIMALISMO

¿Qué es el minimalismo?

El término "minimalismo" se originó a partir de una forma extrema de arte abstracto que se desarrolló por primera vez en los Estados Unidos a principios de la década de 1960. Esta forma de arte representaba imágenes que fueron despojadas hasta lo más ínfimo para que pudieran ser entendidas más fácilmente mientras se transmitía el mensaje que se pretendía transmitir. Las cualidades del arte minimalista eran que tenían una forma de belleza purificada para cualquier espectador dispuesto a mirar más allá de su naturaleza despojada. En esencia, el mensaje básico que los artistas minimalistas querían enviar era que siempre hay más en menos. Y por más contraintuitivo que eso sonara, la forma de arte sobresalió y se hizo popular con el tiempo. Para ayudarlo a comprender su popularidad, la simple escultura de bronce a escala humana de Alberto Giacometti de un hombre señalador se vendió por la friolera de $ 141.3 millones en mayo de 2015.

La verdad es que el concepto de minimalismo ha sido popular durante siglos, aunque muchas personas han asumido erróneamente que es un fenómeno moderno. El minimalismo siempre se ha relacionado con conceptos de arte y diseño puros e intencionales. Pero también es mucho más que eso. El minimalismo se trata de identificar los conceptos básicos, las necesidades y apegarse a ellos mientras se elimina todo exceso.

Nuestras vidas en este mundo moderno están lejos de ser minimalistas. Nuestra sociedad se alimenta constantemente de la noción de que cuanto más tienes, más eres. Cada día nos llenan de más anuncios y promociones que nos instan a conseguir este último reloj de diseño o esos zapatos nuevos de moda. Es un ciclo que nunca parece terminar. Muchos de nosotros pasamos tiempo persiguiendo estas cosas, cegados y convencidos de que nos darán la felicidad que necesitamos. Yo he estado allí y puedo decirles que estos nuevos objetos brillantes no les dan la felicidad que prometen.

He aquí mi propia y simple definición de minimalismo,

El minimalismo es una forma de vida intencional que le permite reevaluar sus prioridades y reconsiderar lo que realmente le da valor a su vida. El minimalismo te quita las distracciones y te permite reconectarte con lo que te da libertad.

A medida que siga leyendo, es posible que desee modificar esta definición para encapsular mejor su experiencia. Los deseos y necesidades varían de una persona a otra. Es probable que el minimalismo satisfaga sus necesidades de una manera diferente.

Minimalismo vs. Cultura de consumo

No hay manera de endulzarlo: vivimos en una cultura odiosamente consumista. La presión para consumir es tan fuerte que dondequiera que mires hay una nueva valla publicitaria que te pone un producto atractivo en la cara. Simplemente caminar afuera puede incitar una batalla de la mente y los impulsos.

Ser influenciado por la cultura es normal, pero algunos aspectos de esta cultura pueden ser bastante dañinos si no se tiene cuidado. El consumismo y el minimalismo son dos fuerzas opuestas en la actualidad, y el vencedor final depende totalmente de ti. Cada día, estas grandes compañías desembolsan millones de dólares en busca de su atención. Las personas influyentes en los medios de comunicación social que actúan como sus secuaces también tienen la intención de hacer que usted consuma más. El mensaje dominante que se envía con estos anuncios es: "Tienes que comprar este producto. Las personas ricas y atractivas de todo el mundo utilizan este producto, ¿y no quieres ser como ellos?"

Los anuncios se elaboran diariamente con este mensaje en mente. Pero pregúntate: "¿Necesitaba esto antes de ver el anuncio? ¿O solo lo necesito ahora que sé que existe? ¿Esta necesidad es real o es una compañía que trata de hacerme sentir así?" Estos son los fundamentos del minimalismo. Empieza con la mente. Comienza hablando y advirtiéndose a sí mismo. Nadie dice que no debería ser influenciado por los anuncios de YouTube o Facebook, sino que aprenda a investigar la intención de los vendedores. ¿Qué es lo que realmente quieren de ti? ¿Este producto le ofrecerá valor a usted o es que una compañía solo quiere su dinero?

8 beneficios del minimalismo para proteger la vida

Hay muchos beneficios obvios de la organización, como tener un hogar más organizado, pero los beneficios del minimalismo son mucho más profundos que eso. Estos son algunos de los mayores beneficios del minimalismo:

1. **Estabilidad emocional y claridad mental**

La conexión entre la mente y el número de posesiones que poseemos es fuerte. Las investigaciones han demostrado que unos pocos minutos al día para limpiar la basura, hacer la cama y lavar la ropa pueden afectar masivamente nuestro estado mental y proporcionar tranquilidad. Cuando no estamos rodeados de desorden, nos relajamos subconscientemente. Cuando no hay un millón de objetos diminutos que nos distraigan, podemos pensar con más claridad y tomar mejores decisiones.

2. **Reducción del estrés**

Sabiendo que una vez que usted entre a su hogar, encontrará un montón de ropa en el piso de la habitación, platos en el fregadero y libros tirados en la mesa del comedor es suficiente para hacer que mucha gente le tema a la perilla de la puerta. Puede crear un desagüe psicológico y si no se tiene cuidado con él, la depresión incluso puede aparecer. El desorden consume espacio en su hogar y puede crear una sensación de claustrofobia, una sensación de que su propia hogar está siendo tomada. Debes lidiar con el desorden antes de que te expulse de tu propia hogar.

3. Más espacio para cosas de valor

Como he ilustrado, menos es más. Cuando purgas tu vida y eliminas las cosas que no son importantes, estás creando más espacio para las cosas de valor. Mientras tu vida esté llena de basura, nunca habrá espacio para lo que realmente necesitas. No solo en términos de espacio físico, sino también en términos financieros. Si usted está gastando todos sus ingresos en ropa nueva, ¿cómo va a permitirse un sofá nuevo y cómodo? Llámame loco, pero creo que es mucho mejor tener tres pares de calcetines de calidad que cien rotos.

4. Mejores relaciones

Los principios minimalistas se aplican a todos los aspectos de nuestras vidas, y eso incluye nuestras relaciones personales. Cuando practicamos el minimalismo en un nivel profundo, nos convertimos en un imán para mejores amistades y relaciones. Verás, incluso ciertas personas en nuestras vidas pueden ser consideradas "exceso". ¿Cuántas de sus amistades realmente le dan valor a su vida? ¿Quiénes son tus únicos amigos porque quieres parecer más popular? El minimalismo nos enseña que tener pocas pero estrechas conexiones es mejor que tener muchos conocidos impersonales.

5. Gestión del tiempo mejorada

El desorden mata el tiempo. ¿Alguna vez has buscado un montón de llaves en un escritorio desorganizado? Nadie quiere pasar por eso en una mañana ajetreada. El desorden es una bestia que puede devorar tu tiempo. Perdemos mucho tiempo buscando entre basura innecesaria los artículos que realmente necesitamos. ¡Piense en cuánto tiempo ahorraríamos si no tuviéramos que soportar esta confusión!

6. Un planeta más feliz

La tierra está a merced de su minimalismo. Menos desorden en nuestros hogares significa menos desechos en los vertederos y en los océanos. Gran parte de nuestro desorden no puede ser reciclado. Si continuamos comprando desorden, las compañías solo continuarán produciéndolo. Y afrontémoslo, no necesitamos la mayoría de estos objetos brillantes. Si vives una vida minimalista, puedes seguir adelante con la conciencia más clara. Usted puede descansar mejor sabiendo que no está contribuyendo a la creciente acumulación de basura en el mundo.

7. **Sentido de propósito**

La motivación puede volver a su vida después del proceso de organización. Es casi como si estuvieras comenzando la vida de nuevo, como si hubieras renacido, dándote una segunda oportunidad. Una vez que se ha despejado el camino, la confusión se va y una sensación de claridad se instala. A menudo he escuchado a la gente decir que una vez que pierden la motivación o el interés por una determinada actividad, se detienen por un tiempo y despejan su entorno. No hay nada como la belleza que viene con la creación del espacio. Es una buena manera de recordarte a ti mismo el control que tienes sobre su vida.

8. **Libertad Emocional**

La libertad emocional viene cuando aprendemos a dejar ir el desorden emocional. Acumulamos desorden emocional cuando nos aferramos a sentimientos como la malicia, los celos, los rencores y el odio. Cuando encuentras la fuerza para saldar cuentas, pagar deudas y dejar atrás los errores, tu mente se alivia. Cuando guardamos rencor o sentimos celos de alguien, esto agota nuestro sistema emocional. Imagina lo que podría haber logrado con esa energía si no la hubiera perdido con tanta negatividad.

La Relación entre Minimalismo y Desorden

Como expliqué en mi introducción, el minimalismo y el desorden son dos cápsulas que se usan juntas para curar la enfermedad del desorden. La gente usa ambas palabras indistintamente pensando que significan lo mismo. Este es un error comprensible. Aunque cubren los mismos conceptos, no son los mismos. Uno sirve de trampolín para lograr el otro.

Minimalismo

El desorden es el proceso inicial para las personas que desean recuperar sus vidas y poseer sus espacios. Algunas personas que se entregan al desorden no tienen intención de vivir una vida minimalista. Para ellos se trata solo de decaer hoy en día, esperando a que el desorden se acumule de nuevo, y luego desordenar nuevamente. Para ellos el desorden es una forma de terapia, una forma de limpiar sus vidas de forma temporal. En su conjunto, la decadencia no es un proceso que cambie la vida. Es como cepillarse los dientes todos los días o pasar la aspiradora por la sala de estar todas las mañanas. El resultado del desorden a menudo nunca es permanente. La mayoría de las personas a menudo regresan a la decadencia cada dos meses o año.

El minimalismo y la organización comparten el mismo tema, que es la eliminación y eliminación de excesos en la vida. El desorden consiste en un proceso simple, mientras que el minimalismo es un estilo de vida adoptado. El minimalismo es una mentalidad en la que el practicante se ha comprometido a tener solo cosas de valor e importancia en sus vidas. El minimalismo ayuda a frenar los excesos del consumismo para que no sea necesaria la decadencia. Se trata de vivir y sobrevivir con menos para poder obtener más recompensas intangibles.

Las señales de advertencia señalan que el desorden que no se puede ignorar

El desorden es un monstruo cada vez mayor, pero el único problema con este monstruo es que nunca te das cuenta de su crecimiento hasta el día en que salta del armario y te agarra por el cuello. Como una enfermedad, no todo el mundo lo ve venir. Estudie estas señales y compárelas con lo que está sucediendo en su hogar en este momento.

1. **Usted está abrumado en su propio espacio personal y vida privada**

En mis años de experiencia tratando con el desorden, puedo decir que este es probablemente el signo más peligroso de todos. Se manifiesta en pequeñas formas. Usted se despierta en la mañana y recuerda todas las citas que tiene para el día e instantáneamente comienza a sentirse abrumado incluso antes de levantarse de la cama. La frustración se instala y la esencia y la alegría de la vida se pierde.

Una vez que llegas a hogar, parece que tu propia hogar te ha cerrado con llave, aunque tengas las llaves. Descubres montones de objetos confusos que siguen burlándose de ti. Usted se confunde y ora sinceramente por la mañana siguiente para que pueda huir del desorden en su propia hogar. ¿Adivina qué? El desorden en el hogar es igual al desorden en la mente. Su hogar es suya y solo suya y tiene que lidiar con ella de una forma u otra.

2. **Una mente distraída y desenfocada**

Todos los monstruos son poco atractivos y pueden fácilmente causar distracciones cuando llegan. Nadie puede permanecer tranquilo en presencia de un humanoide del tamaño de un gorila con cuernos y colmillos afilados. Así es con el desorden también; no se puede hacer nada en su presencia porque hace que uno se sienta disperso y desenfocado. Incluso un desorden aparentemente menor, como platos sin lavar, puede crear ansiedad y desviar la atención. El desorden no solo es un obstáculo para la productividad, sino que también puede obstaculizar la relajación.

3. **Comprar para impresionar**

Si a menudo se siente tentado a comprar determinados artículos porque quiere impresionar a su familia y amigos, incluso cuando realmente no le gustan estos productos y puede que no los necesite, sepa que está viviendo una vida desordenada. Lo más probable es que la mayoría de las otras cosas que usted posee fueron compradas con esta mentalidad y están creando desorden en su hogar. Cada vez que se ve obligado a buscar la validación de una fuente externa que no sea usted, la felicidad que encuentre será superficial y nunca se realizará.

4. **Tiene problemas para encontrar cosas**

El desorden se traga las cosas. Cuando esto suceda, tendrá que rogarle a este monstruo que le devuelva sus cosas. ¿Alguna vez se ha preguntado por qué no puede encontrar el control remoto de la televisión, o sus calcetines, o incluso un destornillador cuando realmente lo necesita? La respuesta es simple: desorden. Estas cosas han perdido sus lugares legítimos en su hogar.

Libros debajo de la cama, cucharas en la sala de estar, agujas de tejer rellenas entre los cojines: si algo de esto le recuerda a su hogar, entonces necesita ordenar. Si se encuentra constantemente perdiendo cosas, entonces es posible que tenga demasiadas cosas. Una vez que se eliminan todos los artículos extraños, inmediatamente se hace más fácil encontrar artículos en el hogar.

5. Usted es dueño de un cajón de basura

Los cajones de basura se están convirtiendo gradualmente en algo común en el mundo de hoy, y esto es el resultado de que la gente tiene demasiadas cosas. El cajón de basura es un vertedero para objetos diversos. Francamente, no necesitas un cajón de basura. Si usted no puede encontrar un hogar para ciertas posesiones, entonces usted debe honestamente repensar su necesidad. Como su nombre indica, la mayoría de los objetos colocados en este cajón son basura.

6. Te avergüenzas de tu espacio.

¿La idea de que un amigo venga a visitarte te produce escalofríos? ¿Empiezas limpiando y ordenando frenéticamente cuando alguien llama para decir que viene a una breve visita? Si respondió "sí" a estas preguntas, es probable que tenga un gran problema de desorden. Pongámonos a trabajar en ello inmediatamente antes de que el desorden se convierta en el propietario y usted se convierta en el inquilino.

CAPÍTULO DOS – ESTABLECER LAS BASES PARA SU MEJOR VERSIÓN MINIMALISTA

Principios poderosos para ayudarlo a ver el mundo como un verdadero minimalista

Para obtener todos los beneficios del minimalismo, debe estar dispuesto a pagar el precio mental, psicológica y físicamente. Como hemos establecido en el capítulo anterior, el minimalismo no solo trata el aspecto físico de tu vida; el minimalismo va más allá, penetrando en la mentalidad y actitud hacia la vida. Estos siguientes principios le ayudarán a prepararse para el viaje que tiene por delante.

1. **Tus posesiones no te definen**

Contrariamente a lo que la mayoría de la gente cree, usted no es lo que posee. Sus posesiones no definen su valor. Desafortunadamente, muchas personas hacen compras con esta idea errónea en mente. Si quiere lucir bien, adelante, y si quiere los últimos accesorios, ve por ellos, pero no haga esas compras con desesperación. Y hágalo sin acumular desorden.

No es fácil practicar el minimalismo en el mundo en el que vivimos hoy. Se nos recuerda constantemente cómo podríamos y deberíamos ser más ricos. Nos bombardean los mensajes que nos dicen que cuanto más tenemos, más atractivos, dignos e interesantes somos. Pero ¿cuántas veces los productos que hemos comprado han cumplido con estas promesas? Al final del día, seguimos teniendo las mismas inseguridades y los mismos obstáculos. Lo más probable es que, incluso cuando usted compró lo que pensó que sería una solución rápida para algo, usted continuó encontrando ese problema. Sus posesiones no arreglarán lo que te hace infeliz. La cantidad que posea no determina su valor. Esto puede ser una señal de que no te sientes realizado en tu vida; una vez que persigues lo que realmente te hace feliz, y te dejas definir por tus logros, ya no necesitarás objetos materiales.

2. Vea sus posesiones por lo que realmente son

Es hora de dar un paso audaz y evaluar honestamente todas sus posesiones. Mire alrededor de su hogar y observe lo que está creando desorden. Pregúntese por qué gastó tanto tiempo y energía en adquirir, mantener y almacenar todos estos objetos. Las cosas que poseemos se pueden dividir en cualquiera de las siguientes categorías: objetos funcionales, objetos de embellecimiento y cosas sentimentales.

Los objetos funcionales hacen ciertos trabajos. Son necesarios para ayudarnos a realizar las actividades cotidianas. Algunos de ellos son esenciales para nuestra supervivencia, mientras que otros existen simplemente para mejorar nuestras vidas. Es importante que entiendas que no todo lo que quieres es necesario para tu supervivencia. Puede que te guste creer eso, pero no es la verdad. Cualquier objeto funcional que facilite la vida cotidiana es bienvenido en su nuevo mundo minimalista. Una hogar puede funcionar bien en ausencia de una patineta, pero no puede hacer lo mismo en ausencia de ollas de cocina. Ambas cosas agregan valor a una hogar, pero el valor de una eclipsa a la otra.

Los artículos de embellecimiento se introducen en el hogar porque añaden valor estético a su entorno. El arte debe ser apreciado y abrazado, ya que esto a veces puede añadir ambiente o una sensación de calma a una habitación. Pero tenga cuidado, ya que demasiados artículos de embellecimiento todavía pueden formar desorden, especialmente desorden de color. Observe su estante por un tiempo y observe la presencia de antigüedades que no coinciden. El hecho de que usted apreciara ese objeto esculpido unos meses después de la muerte de su madre no significa que deba tener un espacio para toda la vida en su hogar. Superamos las cosas y nuestro amor por ellas, y eso es completamente normal.

Las cosas que no entran en ninguna de las categorías mencionadas anteriormente suelen tener un valor sentimental. Estos pueden consistir en regalos, pertenencias heredadas u objetos que le recuerden un momento particular de su vida. Los objetos sentimentales te recuerdan los lugares en los que has estado, las personas que has conocido a lo largo del camino y las experiencias que has tenido.

Al evaluar sus pertenencias, responda a estas preguntas:

- ¿Qué valor añade esto a mi hogar?
- ¿Consideraría reemplazar esto si alguna vez se rompiera o se perdiera, o me sentiría aliviado de que finalmente estuviera fuera de mi alcance?
- ¿Necesitaba este artículo antes de adquirirlo?

3. **La alegría de la vida sencilla**

Cuando simplifica su vida, le quedan las cosas básicas y más necesarias que le dan valor y alegría. Limite sus compras y adquisiciones al mínimo para que solo permita lo que necesita en su vida. Tener solo lo esencial en su hogar es un componente importante del minimalismo. Esto ayuda a evitar la afluencia de residuos domésticos (que es una forma de desorden en sí misma). Esfuércese por reducir su tasa de consumo para que solo tenga las cosas que necesita para satisfacer sus necesidades inmediatas.

La mayoría de los consumidores en nuestro mundo moderno ni siquiera pueden hacer un inventario completo de las cosas que poseen porque poseen tanto. La vida sencilla le ayuda a mantenerse consciente y responsable de sus posesiones. Tal vez una mañana te preguntaste:"¿Dónde está mi polo azul marino?" E incluso después de semanas de búsqueda, no pudo localizarlo. Esa es una señal importante de desorden. Eres dueño de cosas que no necesitas ni usas y esto ha dado lugar a la irresponsabilidad.

4. **Anhelar la disponibilidad de espacio**

De vez en cuando, solo queremos tener una bocanada de aire fresco. ¿Alguna vez has intentado hacer eso en una habitación llena de gente? Por supuesto que no, porque no trae consuelo. De hecho, es probable que la sala llena de gente sea la razón por la que se necesita esa bocanada de aire fresco. Te encontrarás respirando colonia y olor corporal. Sería diferente si ese espacio estuviera despejado. Naturalmente, todos nos sentimos más tranquilos en un espacio vacío y despejado.

La ausencia de espacio causa angustia. Cuando no hay suficiente, la claustrofobia comienza a comerte. Muchas personas creen que su problema de espacio solo se puede resolver mudándose a una hogar o un complejo más grande. Sin embargo, a los pocos meses de su llegada, el desorden comienza a formarse de nuevo en este nuevo entorno. No huya de su falta de espacio; enfréntelo de frente y comience a crear más espacio. Esto es lo que el minimalismo te ayuda a lograr. Cada espacio se convierte en suficiente para ti porque has dominado el arte de crear más cuando lo necesitas.

Como establecí en mi introducción, el desorden es un monstruo que devora el espacio. Un día te despiertas y descubres que todo el espacio que una vez disfrutaste ha desaparecido y te preguntas qué pasó. Fue un proceso gradual y como el espacio es silencioso, no pronunció ninguna palabra mientras era tragado. No te preocupes por tu espacio perdido. Puede que lo hayas perdido tan rápido como un chasquido de dedo, pero no se pierde para siempre. Todo lo que tienes que hacer es deshacerte de las pertenencias innecesarias.

Usted debe tener en cuenta la cantidad de espacio que tiene en su hogar antes de comprar más cosas. Recuerde que el espacio en su hogar no es vacío. Aporta un valor estético propio. Permite a todos los que viven en ese espacio respirar más fácil y libremente. Aprende a anhelar este sentimiento, en lugar de las cosas.

5. Menos cosas significa menos estrés

La gente raramente considera esto, pero se necesita mucha energía física y mental para manejar todas las cosas que uno posee. Después de comprar el artículo y ese momento fugaz de lo que yo llamo la "subida del comprador", la diversión de la situación comienza a ir constantemente cuesta abajo. Este artículo no solo ocupa espacio en su hogar, sino que también debe gastar energía para mantenerlo en su lugar y fuera del camino. Y si el artículo se rompe, costará más dinero y tiempo repararlo. Pronto, comienza a sentirse como si los productos controlaran su vida, en lugar de lo contrario.

El estrés asociado a la acumulación de posesiones viene en etapas. Una vez que descubres que no eres dueño de un artículo en particular, te da una sensación de alienación y privación. "¡Cielos! "¡Estoy tan pasado de moda!" Tal vez te encuentres pensando. Es entonces cuando el estrés comienza a desarrollarse. Hay una sensación de sentirse irrelevante si no se posee el producto adecuado. Luego está el estrés relacionado con la adquisición del artículo. Comienzas a mirar escaparates, a navegar por la web y a desplazarte sin rumbo por Amazon. Pronto, usted tiene un aumento de la frecuencia cardíaca.

Te das cuenta de que no puedes permitirte el lujo de comprar el artículo, pero lo sacas de tu mente y lo compras de todos modos. Su emoción supera a su mente racional, pero el estrés se filtra una vez que hace clic en el botón "confirmar compra". Cuando llega el artículo, usted está lleno de esa euforia familiar, pero esto no dura mucho tiempo. Una vez que pierde su brillo, termina en el mismo rincón con todas las otras cosas que una vez amaste, pero que ya no te interesan. Se convierte en otra cosa para tirar fuera del camino cuando no puedes encontrar lo que necesitas.

Tómese un momento para recordar la vida antes de tener tantas posesiones. Todo era mucho más sencillo. Poseías esa alegría sin adulterar de un minimalista, y probablemente más dinero, también.

No estoy tratando de convencerte de que vivas en el bosque, alimentándote de babosas y lombrices, con solo una cama de heno y una cuchara de madera. Solo te pido que reflexiones. Imagínese sin la mitad de las posesiones que posee actualmente. Considere su vida sin toda su selección de tazas o los libros que ha tenido durante años pero que nunca ha leído. Considere su vida si solo es dueño de los bolsos y carteras que *realmente* usa. Lo más probable es que tu vida no sea peor. ¡Y piensa en todo el estrés que estarías eliminando de tu vida!

6. La satisfacción es poderosa

No puedo dejar de insistir en este punto: la satisfacción es la base sobre la que se construye un estilo de vida minimalista. Una persona codiciosa o acaparadora nunca será capaz de practicar el minimalismo al máximo, a menos que experimente una transformación completa. Lo que es una locura en el mundo moderno es que la mayoría de nosotros *estamos* contentos con las cosas que ya poseemos, hasta que nos acosa la idea de que existe algo mejor y nos dicen que tenemos que comprarlo ahora.

Una vez que sus necesidades básicas como ser humano sean atendidas, entonces la felicidad debería estar en su lugar. Tu felicidad no debería depender de las cosas que posees; cuando eso sucede, la felicidad se vuelve inalcanzable. Cuando aprendes a apreciar lo poco que tienes, empiezas a ver abundancia en todo y la vida se vuelve aún más agradable. Concéntrate en lo que tienes en vez de en lo que no tienes, porque una vez que empiezas a comparar tu vida con la de la gente que te rodea, tu hambre de más cosas nunca descansa. Las cosas no pueden llenar el vacío de tu profundo descontento e insatisfacción.

Usted debe practicar el arte de creer que tiene suficiente antes de que realmente tenga suficiente. "Suficiente" es, después de todo, una cosa de la mente en la era moderna cuando la mayoría de nosotros tenemos nuestras necesidades básicas satisfechas muy fácilmente. Todo tiene que ver con el autocontrol y la autodisciplina.

7. Proteja el flujo de las cosas en su vida

¿Qué tan fácil es para las cosas inútiles entrar en su vida y establecerse allí? Cada día aparecen más consumibles en busca de un nuevo hogar, y a menos que usted practique la autoconciencia, su hogar corre el riesgo de invitar a este nuevo desorden. Proteger el flujo de las cosas en su vida significa que usted solo debe permitir que las cosas de valor en - las cosas que le proporcionan alegría sin diluir, libre de la necesidad de complacer o hacer que otros aprueben de usted.

Estos objetos que forman desorden no tienen patas ni alas. Debemos preguntarnos:"¿Cómo llegan a nuestros hogares?" O los compramos o nos los regalan.

Tu hogar es tu espacio personal; es la única parte del mundo donde puedes ser rey o reina. Se debe hacer un esfuerzo consciente para proteger la hogar de estos materiales no deseados. Antes de que algo llegue a su hogar, evalúe toda su situación.

Las preguntas necesarias aquí incluyen:

- ¿Qué papel veo que jugará este objeto, si es que juega alguno, dentro de unos meses?
- ¿Hay un lugar en mi vida para este artículo en este momento?
- ¿Qué me motiva a comprar esto?
- ¿Cuánto tiempo ha pasado desde que compré algo que funciona de la misma manera?

Puede que te preguntes: "Pero ¿qué hago con los regalos, los regalos o los obsequios? Rechazar cortésmente un artículo a veces funciona bien, pero la mayoría de las personas no tienen la mente para hacerlo debido a su relación con el donante. Si realmente sientes que necesitas recoger ese artículo, adelante, pero toma nota mentalmente para sacarlo de su lugar en unos meses, y haz que lo desechen, donen o vendan. No permita que este desorden se asiente en su hogar. Tu hogar no es un contenedor de basura.

8. Vive la vida libre de los grilletes de las posesiones

Los mejores minimalistas son aquellos que han aprendido a manejar los efectos que las posesiones tienen sobre su bienestar. La idea aquí es aflojar el agarre que sus pertenencias tienen sobre su identidad. Las fortalezas emocionales que construimos alrededor de estos objetos pueden ser vinculantes y si no tenemos cuidado, pueden llevar al sufrimiento. Separarse de sus pertenencias significa encontrar libertad emocional, mirar más allá del valor monetario de las posesiones para ver el valor real de la vida.

Los beneficios de practicar el desapego de las posesiones son numerosos y cambian la vida. Esto eventualmente conducirá a una personalidad menos codiciosa. Cuando ya no estés plagado por un hambre insaciable de cosas, encontrarás mucha más satisfacción en tu vida. Finalmente puede encontrar la libertad de los complejos materiales del mundo moderno. ¿Alguna vez has oído hablar de familias arruinadas por el conflicto sobre quién puede heredar las cosas de un ser querido recientemente fallecido? ¡No tienes que ser tú!

El minimalismo es una llamada de atención para dejar de sentirse definido por sus pertenencias y para formar vínculos con aspectos de la vida que crean una alegría más profunda. Ayudar en la comunidad. Hay nuevas experiencias que te atraen. Hay muchas personas con las que puedes conocer y forjar nuevas relaciones.

Aunque es posible que deseemos evitar el tema de la muerte, nos llegará a todos en algún momento. Cuando llegue su momento, todos los artículos inútiles a los que se haya apegado se quedarán atrás y no tendrán ningún propósito. Las cosas que dejes atrás serán lo que te recuerden. Mientras se prepara para su vida minimalista, tómese unos minutos para revisar sus pertenencias y considerar qué impresión le causará. Esto no es para hacerte temer o preocuparte por la muerte, sino para hacerte entender que solo unas pocas cosas en tu vida valen el espacio que ocupan.

9. No es necesario que sea suyo para disfrutarlo

Considere esta pregunta: ¿por qué debe tenerlo para disfrutarlo? Añadir un nuevo objeto a tu pila de desorden no es la única forma de experimentar los beneficios de ese objeto. En estos tiempos, estamos tan ansiosos de poseer cosas (y a veces, incluso personas) que podemos llamar nuestras y *solo* nuestras - pero esta es una forma tonta de vivir la vida. Los artículos que son comunales de alguna manera son igual de buenos. Al pedir prestado o alquilar un artículo, usted todavía puede hacer buen uso de él sin tener que preocuparse por su lugar a largo plazo en su hogar. Si necesita un libro nuevo, ¿por qué no pedirlo prestado a un amigo o a la biblioteca? Si necesita un traje para un evento de lujo, hay muchas compañías que ofrecen alquiler de ropa de alta calidad para uso a corto plazo. Los alquileres son mucho más baratos que las compras. No solo es más amable con tu billetera, sino también con tu hogar.

Hábitos minimalistas cotidianos para llegar a la zona

Probablemente ya lo sabías, pero el minimalismo no es solo un hábito, sino también un estilo de vida. Para los minimalistas más duros, puede incluso parecer una religión. Para un poco de humor, considere el desorden como el mal de esta "religión" minimalista. Así como todas las demás religiones tienen sus rituales cotidianos para ayudar a sus seguidores a mantenerse conectados a sus enseñanzas, el minimalismo también tiene sus propias rutinas y hábitos que sirven a un propósito similar.

Hay hábitos simples que deben ser implementados diaria o semanalmente en su nuevo horario minimalista. Estos hábitos pueden parecer pequeños, pero crearán un mundo de diferencia. La mayoría de estos rituales diarios se pueden llevar a cabo en cuestión de segundos, sin consumir demasiado tiempo. Antes de entrar en los hábitos de minimalismo, permítanme explicarles una gran estrategia para integrar nuevos hábitos saludables en sus vidas.

- **U Un truco de vida para desarrollar mejores hábitos.**

Cuando tratamos de crear mejores hábitos, tendemos a hacer las cosas difíciles para nosotros mismos. No tiene que ser así. ¿Quieres saber un secreto? Usted debe encontrar una manera de vincular los hábitos que desea desarrollar con los hábitos ya existentes. Si escuchar podcasts es parte de tu agenda diaria, intenta hacerlo *mientras* haces algo que no disfrutes tanto. Podrías asociar este hábito al menos agradable acto de lavar los platos. O podría conectar el hábito de prepararse para la cama con la práctica de limpiar el espacio de su escritorio. Cuando se trata de crear nuevos hábitos, esta es una forma probada y verdadera de hacer que se mantengan.

HÁBITOS MINIMALISTAS

1. Encienda su mentalidad minimalista todos los días

Comience cada día leyendo o mirando cualquier cosa que tenga que ver con el minimalismo. De esta manera, puede asegurarse de estar siempre motivado. Actualizar su mentalidad acerca de los poderosos beneficios del minimalismo lo ayudará a mantenerse en el camino, especialmente en los días que desee rendirse. Hazlo a primera hora de la mañana porque es cuando tu subconsciente está más activo y receptivo a la información.

Casi todos los anuncios en los medios sociales o la televisión son una promoción del consumismo. Cuanto más les prestas atención, más te encuentras alejándote de las enseñanzas minimalistas. Sea diligente al adoptar este nuevo estilo de vida. Haga un esfuerzo consciente para llenar su mañana, y en esencia, su día con la información que importa y la información que le beneficiará. Suscríbete a los canales de minimalismo en YouTube y sigue a los que influyen en el minimalismo en Instagram. Empiece cada día con un motor minimalista.

2. Encuentre su tribu

La gente con la que pasas el tiempo influirá inevitablemente en tus acciones. No puedes alimentar un sueño minimalista mientras sales con gente materialista. Un partido influirá en el otro, y les diré ahora que el materialismo es mucho más contagioso que el minimalismo. No importa cuán disciplinado seas como un minimalista, se necesitará una gran cantidad de energía emocional y mental para no ser absorbido por un mundo de consumismo.

Si la gente en su vida vive alineada con las enseñanzas minimalistas, será más fácil hacer que este nuevo estilo de vida se mantenga para siempre. El minimalismo ya no será algo que tengan que *tratar de* encarnar; simplemente será la nueva norma. No pensarás de otra manera. Por eso es importante encontrar a tu tribu. Esto no significa que no puedas socializar o conocer a otras personas (¡obviamente!), solo significa que necesitas estar consciente de con quién te rodeas y cómo eso impactará en tu nueva vida. Evalúe su vida ahora y considera cuáles personas serán buenas y cuáles serán malas para tu nuevo y prometedor capítulo. Proponga métodos que lo protejan de sus formas materialistas si alguna vez necesita pasar tiempo juntos.

3. Gratitud

La gratitud es poderosa. La gratitud energiza la sonrisa en su rostro y lo convierte en la persona más atractiva de la habitación. Este hábito es fácil de incorporar en su día, pero como he dicho, necesitará un cambio drástico de mentalidad. La única diferencia entre una persona agradecida y una ingrata es su mentalidad. Una vez que empiezas a ver el mundo a través de la lente de la gratitud, instantáneamente te sientes mucho más feliz.

Cada mañana, justo antes de que sus hijos o pareja se despierten, saque su cuaderno o diario especial y haga una lista de tres cosas por las que está agradecido. ¡Esto puede ser cualquier cosa! ¿Su hijo sacó un 80% en un examen sorpresa después de que los ayudaste a estudiar? Muestre gratitud por haber sido bendecido con un niño inteligente. ¿Es una época fría, húmeda y miserable del año? Demuestra gratitud por haberte cobijado de un clima tan terrible. Solo piensa, ¡podrías estar ahí fuera en el frío helado ahora mismo! El contentamiento es solo un pensamiento cuando se hace de la gratitud un hábito diario.

4. Llena tu vida de experiencias, no de cosas

Valora las experiencias y recuerdos que la vida te trae. La gente no te recordará por las cosas que trajiste del centro comercial, sino por las experiencias que les diste mientras estabas con ellos. Ve a algún lugar divertido. Ve a ver una cascada y experimenta la belleza. Hazle a alguien una cena fantástica. Los recuerdos y las experiencias compartidas son la roca sobre la que se construyen las amistades y las relaciones. La gente siempre te recordará por cómo los hiciste sentir.

5. Aprender a decir "no" cuando sea necesario

Nunca subestimes el poder de decir "no". A pesar de lo pequeña que es la palabra, tiene mucho peso y poder. Vidas han sido cambiadas y salvadas solo porque alguien se atrevió a decir" 'no". Como minimalista, hay que cultivar el hábito de decir no siempre que sea necesario. Decir que no, te hace una persona mala. De hecho, es decir sí cuando no deberías o cuando no lo dices en serio lo que te hace un cobarde. ¿Te encuentras incapaz de decir que no a la gente? ¿Esta gente siempre termina regresando? Es probablemente porque saben que nunca serán rechazados por ti. Mira a tu alrededor, algunos de los miembros más respetados de la sociedad son los que dicen que no en el momento adecuado. No son fáciles de influenciar en los horarios y planes de otras personas.

El hábito de decir no se aprende con la práctica constante y con el paso del tiempo. Decir que no a los demás es decir que sí a ti mismo y liberarte de futuros compromisos y compromisos que pueden resultar en un desorden en tu agenda. O peor aún, su cuenta bancaria.

Dígale que no a los niños que podrían querer juguetes adicionales. Diga que no a los amigos que podrían querer que usted sea el anfitrión de una fiesta, incluso si no tiene el tiempo y los recursos para hacerlo. Diga que no incluso a su propio yo, cuando le importa le está rogando que compre una nueva novela en la librería cuando hay un centenar en la biblioteca de su hogar que usted ni siquiera ha abierto.

6. Planifique una comida sencilla pero nutritiva

Simplificar sus comidas les enseñará a sus papilas gustativas y al paladar en general a disfrutar y aceptar el sabor natural de los alimentos. La necesidad de añadir saborizantes adicionales a sus comidas se reducirá. Este cambio de estilo de vida evitará que más envases lleguen a su hogar. Un intento constante de superarse en la cocina puede ser una pérdida de tiempo y energía. Tenga un plan de comidas que pueda repetirse fácilmente con variedad de vez en cuando. Su proceso de compra resultará ser mucho más ágil y el desorden será mucho más controlado.

7. Emplea mecanismos de control de espacio

Crear más espacio en su hogar es una manera decente de lidiar con el desorden, pero no es la mejor manera. Lo que usted puede haber logrado es proporcionar más espacio para el crecimiento del desorden. En lugar de buscar cómo crear espacio en su hogar, emplee mecanismos que le ayuden a controlar el espacio que ya posee. La gente ha estado construyendo sus hogares cada vez más grandes y, sin embargo, el desorden sigue existiendo. Una vez que vemos la disponibilidad de espacio, es nuestra naturaleza humana querer llenarlo de cosas. Para que el minimalismo tenga pleno efecto, debemos aprender a suprimir este impulso.

Coloque dos cajas en puntos estratégicos de su hogar. Estas cajas son para posesiones que estás decidiendo dejar. Uno de ellos contendrá las cosas que usted quiere vender o donar y el otro contendrá las cosas que usted quiere descartar. Con eso establecido, manténgase alerta y consciente de lo que está consumiendo espacio en su hogar. Identifique las cosas que han perdido su valor en su hogar y elija donarlas o desecharlas. Este simple truco hace maravillas y despeja el espacio a los pocos meses de práctica continua.

8. Minimice su deuda

La deuda es una forma de desorden por sí misma. Te agobia tanto emocional como económicamente y en tus relaciones con las personas. Puede que no funcione exactamente de la misma manera que el desorden material, pero la deuda acumulada con el tiempo siempre vendrá con frustración, enojo y depresión. Las filosofías minimalistas enfatizan la importancia de prevenir la creación de deudas, pero en el caso de que ya haya ocurrido, usted debe hacer planes para pagarlas todas y eliminar la carga.

No te preocupes. Puede parecer un gigante insuperable, pero un enfoque paso a paso le dará en la cabeza. Primero, decida no acumular más deudas. Antes de llamar a sus amigos para pedir un préstamo o algo peor, compre algo caro con su tarjeta de crédito, considere profundamente si es necesario. La mayoría de las veces nos endeudamos solo porque estamos tan convencidos de que luego nos pondremos manos a la obra. Si no puedes hacerlo ahora, ¿por qué será mejor más tarde?

Haga algunos cálculos y calcule cuál es su ingreso semanal o mensual. A partir de esa suma se puede establecer un cierto porcentaje para el pago de la deuda, poco a poco. Si puede hacer los pagos automáticos o una reducción directa de su cheque de pago, hágalo. También ayudará a desarrollar fondos de emergencia; en otras palabras, dinero al que se puede recurrir cuando llegue el momento. Crea una cuenta y envía pequeñas cantidades de tus ganancias a esta cuenta. Ahorre dinero en esta cuenta con el tiempo y resista todos los impulsos de gastarlo, a menos que no tenga otra opción y necesite desesperadamente el dinero. ¡No, tus "deseos" no cuentan!

9. Buscar la calidad en todo momento

Dicen que todo lo que vale la pena hacer vale la pena hacerlo bien. Yo digo: "Cualquier cosa que valga la pena comprar es de alta calidad". Los productos de calidad inferior siempre resultan ser baratos porque los vendedores están seguros de que no durarán mucho tiempo en su posesión. Sin embargo, cuando vemos estos precios bajos, nos resulta difícil resistir la compra. Inevitablemente, el desgaste ocurre y usted vuelve a comprar un nuevo juego de estos mismos productos de calidad inferior. Con el tiempo, una pila creciente de productos de baja calidad aparece en su hogar, cuando usted podría haber comprado un producto de alta calidad en su lugar. No solo es un desperdicio de espacio, sino también de dinero a largo plazo. ¡No se deje engañar por ese precio barato! La calidad viene con el costo extra y su tranquilidad vale la pena ese costo extra.

Minimalismo

CAPÍTULO TRES – ORGANICE SU HOGAR 101

Ahora es el momento de entrar en el proceso minimalista de decadencia con todo detalle. Hemos establecido con éxito los cimientos del minimalismo, la importancia del minimalismo y los hábitos que te pondrán en el camino correcto hacia una vida de libertad sin restricciones de los objetos materiales. Este capítulo le guiará a través de los procesos esenciales de decodificación. Como todo lo que hemos demostrado hasta ahora, es vital que haga que estas prácticas formen parte de su rutina, y no solo una actividad única.

Organice poco a poco: ¿Cómo empiezo?

Una de las desventajas más significativas de comenzar cualquier nuevo hábito o tarea es averiguar por dónde empezar en la tierra. Al desguazar la hogar, siempre hay un lugar por donde empezar. Cuando miras alrededor de tu hogar y ves el desorden en el suelo de tu sala o de tu dormitorio, algo te habla y te dice: "No puedes hacer esto. Es demasiado. ¿Dónde pondrás todas estas cosas?" No se altere y se sienta abrumado por el miedo. Todo lo que tiene que hacer es adoptar la consistencia. El desorden no ocurre en un instante. Es un proceso que lleva tiempo porque también tardó un tiempo en acumularse. A medida que te tomas el tiempo para practicarlo más y más, comienzas a mejorar cada vez más. Pronto te encuentras naturalmente involucrado en el proceso. Se ha convertido en parte de usted.

La clave para ordenar desde cero es sacar todo de su lugar designado. Voltee los cajones y vierta todo su contenido. Desnuda el armario para dejar al descubierto ganchos, varillas y estanterías. No olvide que necesitará un espacio libre para deshacerse de las cosas que se desecharán o donarán. Le sugiero que comience con un área pequeña a la vez para que la habitación en la que está trabajando actualmente no se llene de materiales y dificulte la libre circulación.

Imagine que está comenzando la vida en su hogar de nuevo. Ver las pertenencias en un lugar diferente cambiará su perspectiva sobre su disposición. Y verter tus cosas puede ayudarte a identificar algunos artículos que no han estado en su lugar durante un tiempo. No dude en sacar cualquier cosa de su espacio designado. Escoja una parte de la hogar con la que se sienta más cómodo y comience. Hay muchos lugares en los que puedes empezar a decaer, y ninguno es mejor que el otro. Puede ser su dormitorio, o el ático o el sótano. Solo escoge un lugar. Cuando estés allí, puedes buscar una porción más pequeña y trabajar en ello: debajo del espacio de la cama, el armario o el zapatero. No descuides ninguna parte de ella porque cada rincón que se pasa por alto contiene un desorden que puede crecer si no prestas atenciones.

Consejos para mantener un hogar ordenado permanentemente

1. **Lo que se queda y lo que se va:** Una vez que haya vertido el desorden de su escondite, debe comenzar el proceso de clasificación. Este es el punto en el cual usted debe encontrar la causa de todo su desorden. El proceso de clasificación tiene tres categorías: Guarde, Deseche y Done. Necesitará tres contenedores para cada uno de ellos. Las cajas también funcionarán bien para ayudarle, sobre todo, si necesita ocuparse de artículos más pequeños. Si tiene una caja más pequeña, puede usarla para cosas sobre las que actualmente no se ha decidido. A medida que avanza, encontrará elementos que le harán pausar y sentirse confundido sobre si los arrojará o los guardará. Tíralos en la caja y vuelve a ellos más tarde para que no ralenticen su progreso.

La posibilidad de que acabe con cajas llenas de materiales indecisos es muy alta. No tiene de que preocuparse. Selle y coloque una fecha con un marcador. Dedique algo de tiempo a los artículos y vuelva a ordenarlos nuevamente. Para entonces, usted tendrá una mente y un juicio más claro sobre el futuro de estas pertenencias en su vida. Usted no debe enredarse demasiado en la decisión de tener una caja llena de artículos indecisos. Es una forma de desorden por sí solo. No lo tires en el sótano y lo olvides porque sientes que no tienes la resistencia emocional para dejar ir esas cosas. El punto aquí no es encontrar un lugar de almacenamiento diferente para estos artículos, sino mantener el proceso de desencofrado tan rápido y sin problemas como sea posible.

- **La caja de descarte:** El contenido de esta caja puede ser llamado el "Desechables". No te quedes con el nombre, ya que estos artículos son básicamente basura. Estos artículos no sirven para nada en tu vida. No se deje llevar y no deje caer ninguna de ellas en la caja de "Guardar". La verdad siempre debe prevalecer en su toma de decisiones. Hay cosas que puedes sentir que todavía tienen valor, pero dentro de tu corazón sabes que son basura; simplemente no quieres dejarlas ir porque contienen ciertos recuerdos o ideas sobre lo que quieres ser. La caja de descarte está llena de cosas que son difíciles de soltar. Si no se puede arreglar, entonces debe soltarlo.

Reciclar algunos de estos artículos es una opción. Tenga en cuenta su entorno inmediato al clasificar estos elementos. Entra en YouTube y busca información sobre cosas que se pueden reciclar fácilmente para un propósito y valor mayor. La eliminación adecuada de la basura debe ser una consideración importante a medida que se clasifica a través de la pila. ¿Dónde terminarán estas cosas? ¿Qué se puede reutilizar y reutilizar?

- **La caja para conservar:** Esto contendrá todas las cosas que quieras conservar. Las posesiones aquí incluirán todo lo que todavía le da valor a su hogar y a su vida, cosas que usted realmente aprecia, y cosas que todavía son funcionales y útiles. Si usted no ha usado algunos artículos en años, entonces debe saber que no pertenecen a esa caja. Serán más útiles en una caja de donaciones o en la caja de artículos no decididos.

- **La caja de donaciones:** Esta caja contendrá artículos que todavía son útiles pero que ya no le sirven para nada. Algunos ejemplos son los juguetes caros que se encuentran en el sótano, a pesar de que su hijo menor ya está en la escuela secundaria. Puedes dárselas a tus nuevos padres. Tendrán más valor en su hogar que en la suya. No te sientas mal por dejarlos ir. Te estás dando libertad, y estás proporcionando a esos artículos una nueva vida donde serán más apreciados. Algo te seguirá diciendo: "Pero es posible que algún día aún necesites esto". Resiste el impulso de sucumbir a ese pensamiento. Si no lo necesita hoy, la posibilidad de que necesite otro día es muy pequeña.

Sea más generoso con los artículos de su pila de donaciones. Tenga la seguridad de que alguien ahí fuera los apreciará. Es posible que también le preocupe dónde llevar sus donaciones. Hay numerosas organizaciones religiosas que siempre necesitan materiales para dar a los menos privilegiados. La Cruz Roja y otras organizaciones médicas aceptan sus donaciones para ayudar a los campamentos de desplazados internos en todo el mundo. Todo lo que tienes que hacer es investigar un poco en Internet, y la gente adecuada vendrá a tu puerta para ayudarte a sacar tus donaciones.

Si usted es reacio a liberar sus pertenencias al mundo de esta manera, entonces considere venderlas en su lugar. El dinero en efectivo le proporcionará más valor que el artículo que yace en la hogar. Realice una venta de garaje o de jardín. Usted se sorprenderá de la cantidad de dinero que puede ganar con uno. Hay una variedad de cosas que usted puede vender, desde libros hasta CD, DVD y equipo de golf. Te sorprenderá cuánta gente en tu vecindario necesita desesperadamente las cosas que has estado acumulando.

2. Un propósito para cada artículo: Es muy fácil que la caja para "conservar" se inunde de objetos. Antes de que cualquier objeto sea devuelto a su hogar y a su vida, es necesario que reconsidere su verdadera importancia en su vida. Hágase la pregunta esencial sobre

Minimalismo

cada artículo que encuentre. Cada artículo en su caja para "conservar" debe estar haciendo una contribución positiva notable a su vida. Todo lo demás no debe ir en esta caja.

Mientras pasas por estos objetos, te encontrarás con muchas cosas que sirven exactamente para el mismo propósito. Pueden tener una decoración o un embalaje diferente, pero en última instancia hacen lo mismo. Este es un caso de duplicación, y debe ser manejado y atendido apropiadamente. El minimalismo consiste en eliminar los excesos de tu vida. Algunos de estos artículos en el hogar pueden fácilmente multiplicarse y atascar los cajones. Algunos ejemplos son bolígrafos, clips o botones. Ahorre una cantidad razonable y elimine el resto de ellos.

Otros artículos que no están en la clase de artículos duplicados deben ser examinados ahora. Examine la esencia de cada artículo, averiguando su valor y cuánto se necesita en su hogar.

Las respuestas que te vienen a la mente te guiarán sobre dónde colocar los artículos, ya sea en una caja de donación o en una caja para "conservar". Algunos artículos pueden tener algún tipo de valor, pero el espacio que proporcionarán una vez que sean retirados del camino puede ser más valioso. Dese ese nuevo espacio y quite ese objeto del camino.

Al clasificar y hacer categorizaciones, podrías considerar tener un amigo objetivo y responsable que también sea un minimalista a tu alrededor. Su presencia le dará el impulso suficiente para hacer lo correcto. Tener que explicar por qué quieres quedarte con un objeto estúpido u otro puede ser vergonzoso. Usted mirará a través de sus pertenencias con ojos más claros y comprenderá por qué necesita dejarlas ir.

Mientras revisas tus cosas, ten en cuenta que solo usas el 30% o menos de las cosas que posees cada mes. Y la diferencia casi nunca se nota. Algunas de las cosas que atesoras y proteges con tanto cariño no servirán para nada en tu vida durante todo el año. Pero como hay espacio, decides alojarlos. Sea más rígido durante el proceso de clasificación. Busque los elementos esenciales que constituyen el menos del 30% y guárdelos. Estas son tus posesiones más importantes.

3. Un hogar para todo: en su propio hogar, cada una de sus posesiones debe tener sus propios hogares, espacio que ocuparán a partir de ahora. Debe estar en el centro de su mentalidad minimalista: todo debe tener su lugar. Es un principio importante del minimalismo. Es mucho más fácil para usted mantener stock y evitar que los artículos perdidos se muden a su hogar cuando hay lugares designados para todo. Cuando esto está en su lugar, es más fácil para usted identificar cosas que no deberían estar en su hogar y cosas que no pertenecen a su entorno.

Hay que tener en cuenta al hacer estas designaciones, algunas de las cuales incluyen la frecuencia de uso, el tamaño, la fragilidad y la proximidad. La hogar ya está dividida en pequeñas unidades de habitaciones. A veces, si uno tiene suerte o es lo suficientemente rico, las diversas habitaciones se dividen en compartimentos o espacios más pequeños para contener alguna clase especial de posesiones u objetos. Por ejemplo, los armarios de la cocina pueden contener cerámica y utensilios de cocina, y los vestidores de la habitación pueden contener toda la ropa. Por lo general, la hogar de un artículo debe estar más cerca del lugar donde más se necesita. Si tiene ropa apilada en el piso de su baño, es hora de trasladarla al lugar donde se necesita.

Las cosas que usted usa con más frecuencia deben mantenerse cerca de usted en un lugar donde pueda alcanzarlas fácilmente. Usted querrá poder acceder a estos elementos sin tener que hurgar y escarbar innecesariamente en sus otras cosas.

Una vez que haya identificado y designado un lugar para todo, será útil etiquetar cada uno de estos lugares para que cualquier persona que entre a su hogar sepa exactamente dónde poner las cosas después de usarlas. Utilícelo como una especie de dirección para cada elemento. Incluso sus hijos se acostumbrarán a ello y seguirán estas sencillas instrucciones. Haga que los miembros de su familia participen activamente en el proceso de desorden. Si todo el mundo tiene una mentalidad de decadencia y minimalismo, será más fácil enfrentarse a este monstruo. Un esfuerzo de colaboración hace maravillas. La ropa debe colgarse en lugar de apilarse en cajas o sillas. Lleve los utensilios de vuelta a sus espacios colgantes en lugar de dejarlos en el mostrador de la cocina. Devuelva los libros a la estantería en lugar de dejarlos en el piso o en las sillas.

Una vez que entre a una habitación, trate de encontrar artículos que no estén en su lugar y devuélvalos a su hogar. Solo le llevará unos minutos fuera de las horas del día y la gran diferencia se notará en su hogar.

4. Mantenga las superficies claras - Las superficies anchas y planas son los principales lugares de reproducción del desorden. La mayoría de los artículos terminarán en superficies claras, no hay duda de ello. Eche un vistazo a tu hogar. Las superficies como la mesa de comedor, los mostradores de la cocina o la mesa de café de la sala de estar probablemente estén llenas de desorden. Esto se acumulará gradualmente hasta que toda la superficie haya sido colonizada por la basura.

Las superficies claras añaden un cierto tipo de belleza a cualquier ambiente que las rodea. Ofrecen un sinfín de posibilidades. La superficie transparente de la cocina le ayudará a preparar una comida rápida sin obstáculos. Una mesa de comedor despejada acomodará a los miembros de una familia para el desayuno. Nunca se insistirá lo suficiente en la importancia de las superficies claras. No nos damos cuenta del valor de una superficie despejada hasta que la encontramos cubierta de desorden. De repente, no podemos dejar ni una sola placa, o no tenemos dónde dejar nuestro portátil para el trabajo.

Para asegurarse de que sus superficies permanezcan limpias, debe adoptar una nueva actitud y observar algunos principios básicos de desencofrado. Sus superficies no deben ser utilizadas como espacios de almacenamiento. Por todos los medios necesarios, sus superficies deben mantenerse limpias y despejadas en todo momento. Estos pasos le ayudarán:

i. Despeje cada objeto de esa superficie plana. Si debiesen estar en la superficie o no es irrelevante en esta etapa temprana. Serán devueltos más tarde, si pertenecen aquí.
ii. Una vez que la superficie esté despejada, apártese de ella y observe la calma que produce tener una superficie despejada. Vea lo atractiva que es la superficie, observe la belleza del espacio.
iii. Identifique para qué sirve esa superficie en su hogar. ¿Es una superficie que cumple una función específica (como un mostrador de cocina) o se utiliza en momentos de creatividad? Tal vez quieras usarlo para algo totalmente diferente de su propósito anterior. Una vez que haya identificado con éxito su función, ahora puede determinar qué es lo que volverá a la superficie y qué no debería estar en la superficie.
iv. Trate de no permitir más de tres objetos en cualquier mesa. Cualquier cosa más que eso constituirá un desorden. Si es un objeto esencial, colóquelo en un estante o en cualquier otro lugar cercano. Permita que las superficies permanezcan tan claras como sea posible hasta que el hábito se adhiera.
v. Se pueden añadir hasta dos artículos adicionales por su valor estético en estas superficies. Estos servirán para complementar la superficie y evitar que se vea demasiado desnuda o aburrida.

Una cosa es conseguir una superficie clara y otra cosa es mantenerla limpia. Mucha gente limpia las superficies todos los días, pero antes de que acabe el día vuelven a estar como al principio. Estos consejos le ayudarán a mantener sus superficies limpias por un período de tiempo más largo.

- **Deje sus cosas en el suelo cuando llegue a hogar.** Es un instinto básico dejar caer las cosas que vienen con usted en una habitación sobre una superficie limpia y clara. Es relajante quitar el peso de sus manos y colocarlo en una mesa o mostrador transparente. Luego se sientan allí durante horas o días, descuidados porque no están en tu camino. La regla más importante es no conseguir nada en la superficie en primer lugar, colocar esos elementos en el suelo y una vez que te hacen viajar dos veces, usted estará ansioso por finalmente ponerlos en su lugar designado. Puede parecer demasiado extremo para ti, pero el minimalismo tiene que ser extremo a veces, especialmente si eres una persona que se siente cómoda con el desorden. Disciplínese contra el desorden. Con el tiempo, notará un cambio de actitud que le obliga a organizar en todo momento cualquier cosa con la que regrese a hogar.

- **Limpie las superficies al menos dos veces por semana.** Limpiar las superficies hacia abajo llama la atención sobre el desorden que crece en ellas. A medida que se limpie, guarde lo que no deba estar en la superficie y aparte todo lo que se interponga en el camino de su limpieza. Deseche cualquier basura o pedazo inútil de chatarra y devuelva la superficie a su gloria inicial. Haga esto al menos dos veces por semana.

- **No dejes nada para después.** Cuando este en el proceso de limpiar cosas, puede ser tentador decirte a ti mismo que vas a terminar con ciertas tareas más tarde. No lo hagas. No lo hagas. Si ha terminado de doblar la ropa, envíela al armario inmediatamente. No los dejes en la mesa de planchar. Estabas leyendo un libro en la mesa del comedor cuando te diste cuenta de que tenías que recoger a los niños de la escuela. Envía ese libro a la estantería antes de salir de hogar. Esta es una de las principales claves para dejar las superficies tan claras como deberían ser. Adopte el hábito de guardar las cosas tan pronto como termine con ellas. Una vez que te acostumbras a esto, la hogar casi se limpia sola.

- **Evitar la acumulación de pequeños desórdenes.** Todos somos culpables de dejar que se acumule un "pequeño desorden" en nuestros hogares. Se nota que crece, pero nunca se reconoce como un desorden hasta que un día se abren los ojos. Como su nombre lo indica, el pequeño desorden consiste en artículos más pequeños, como bolígrafos, clips o chucherías inútiles. Nos lleva un tiempo admitir que esto es un desorden porque los objetos son muy pequeños. Solo cuando se amontonan o se interponen continuamente en nuestro camino, empezamos a admitir lo obvio: es un desorden como la mayoría de las cosas.

- **Por último, no ignore la mayor superficie de su hogar**: el suelo. Es tan grande que rara vez nos damos cuenta si hay desorden en ella. Se puede alejar fácilmente hacia un lado y olvidamos que el desorden está ahí, especialmente porque está a nuestros pies. No se permita descuidar el piso de su hogar. Pronto su piso estará escondido bajo el desorden y usted tendrá que luchar para ir de la cocina al baño. Esto puede matar el entusiasmo y la productividad. Reserve el suelo para la alfombra, los pies y los muebles. ¡Retire todos los demás objetos!

5. Utilice pequeñas unidades de organización - Su hogar se beneficiará de un sistema de organización desarrollado para la disposición eficiente de las cosas. Estas pequeñas unidades organizativas consistirán en elementos que tienen un propósito relacionado. Estos artículos deben guardarse juntos en un lugar de almacenamiento específico, como cajones, contenedores o cajas. Esto hará que sea más fácil encontrarlos. Si necesita un par de tijeras, no tendrá que buscar en la caja de herramientas del garaje, sino en la pequeña caja de organización que contiene las herramientas de costura. Cuando esté buscando la unidad flash azul que contiene las fotos de graduación de su hijo, no tendrá que lanzar un grupo de búsqueda para encontrarla debajo de la cama. Estará en el cajón debajo de la mesa de la computadora. ¿No suena como el tipo de vida que quieres vivir?

Minimalismo

Organizar sus pertenencias en unidades más pequeñas con funciones similares le ayuda a mantener un inventario de lo que posee, lo que necesita y lo que debe liberar. Es solo cuando reúnes toda la cinta adhesiva que tienes en un solo lugar que te das cuenta de que hay otros tres rollos de los que te has olvidado por completo. Esta técnica le ayudará a frenar la acumulación de materiales que pueden convertirse en un desorden si no se controlan.

Una vez que haya reunido todos estos suministros en sus diferentes grupos, es hora de tirar el exceso. Cinco martillos, siete pares de tijeras, diez juegos de cubiertos y todo esto para una familia de cuatro. ¿Realmente necesita todos estos artículos en su hogar? Reduzca el número de sus posesiones hasta que llegue a un número más razonable. Reclama tu espacio de todo este exceso. Revise estas colecciones y guarde solo los favoritos.

6. Dejar entrar una y dejar ir otra - El desorden puede resultar ser un proceso muy frustrante para las personas que no han aprendido a controlar la entrada de cosas en sus vidas. Usted podría haber hecho todo perfectamente, desde categorizar sus cosas y ponerlas en sus contenedores apropiados hasta mantener todas sus superficies despejadas, pero todavía puede encontrar que hay una falta de progreso. Todavía hay desorden en algunas partes de su hogar. Se preguntarán por qué es así. Piense en su hogar como un agujero y sostenga una pala, sacando arena del agujero. Excavas tan fuerte como puedes y exclamas con alegría una vez que ves que tu agujero es más grande que nunca, con más espacio del que podrías haber imaginado. Ahora imagínese a alguien más paleando más arena minutos después de que usted haya terminado. Pronto el agujero se llena de nuevo. Esto es lo que parece suceder cuando algunos de nosotros decaemos. Terminamos casi exactamente donde empezamos. Eliminamos el exceso, pero luego nos encontramos *todavía* con el exceso. No importa cuánta arena elimines si terminas llenándolo con más arena más tarde.

Para evitar que esto suceda, haga una cosa simple: cuando compre algo nuevo, deshágase de algo viejo. Por cada nuevo libro que llegue a su biblioteca personal, el menos favorito saldrá de la biblioteca. Es así de

Minimalismo

simple. Si un tazón de cerámica nuevo encuentra un espacio en el estante de la cocina, se debe regalar uno más viejo.

7. Establezca rutinas viables: En este punto, debido a la creciente excitación que viene con la imagen de un hogar destartalada, usted podría pensar que ha tenido todos los principios al alcance de la mano. Sí, hemos podido examinar a fondo algunas de ellas, pero no se detiene ahí. El desorden no es una actividad única en la que cuando terminamos, terminamos de por vida. El desorden siempre está esperando en su puerta preparándose para invadir nuevamente. Tiene que estar alerta constantemente. Es como una hierba. Puede cortarlo todo lo que quiera, pero hasta que se aborde la raíz, siempre volverá a levantar su fea cabeza. La raíz del desorden está en tus hábitos. Lo que diferencia a un minimalista de un no minimalista son los buenos hábitos. Para tener éxito en el minimalismo, debe cambiar los hábitos que rigen su vida cotidiana.

La vigilancia es la clave. Vivir intencionalmente. Recuerde siempre actuar como un guardián y proteger su hogar de los excesos. Permitan que estos principios se conviertan en una segunda naturaleza para ustedes hasta que ya no puedan existir en presencia del más mínimo desorden. Bloquee los anuncios innecesarios en su navegador si es materialista y se deja influenciar fácilmente por los anuncios. Pague sus deudas y permita que su mente se vuelva más libre. Cancele las suscripciones que ya no son necesarias para su empresa para que su correo pueda permanecer organizado.

Practique su proceso de desencofrado hasta que se vuelva casi perfecto. Usted puede decidir un enfoque de un día a la vez. Deshágase de un artículo cada día. No tomará mucho esfuerzo ni tiempo. Solo sé consistente con él hasta que lo domines y se convierta en parte de ti. Algún día descubrirá que tiene el deseo de deshacerse de más de un objeto. Una vez que su donación o caja de basura esté llena, envíela a su destino especificado.

Finalmente, fije metas de declinación en su diario para que sepa cuánto progreso está haciendo. Marque sus metas a medida que las alcanza como una forma de auto aliento y motivación. No olvide apreciarse a sí mismo por los esfuerzos realizados una vez que alcance un nuevo hito. Celebre su resistencia durante todo el proceso y su mente se encenderá para hacer más. Solo asegúrate de que te diviertes con el proceso. Véalo como un juego - un juego que es capaz de cambiar su vida.

Preguntas que debe hacerse antes de comprar cualquier cosa

Mucha gente en este mundo moderno solo está tratando de ganar más dinero para poder comprar más cosas. Y algunos otros incluso están tratando de pagar la deuda que acumularon la última vez que derrocharon. No te enredes en esta forma de vida. Es un ciclo que nunca termina. Para asegurarse de que esto no ocurra, hágase las siguientes preguntas cada vez que sienta la necesidad de comprar algo:

1. **¿Estoy equipado financieramente para esta compra?**
Aquí es donde comienza. Si no tiene el dinero para la compra, ¿por qué lo está considerando en primer lugar? Considere la deuda que esto podría ponerle. Y considere a lo que está renunciando al comprar este producto. Si compras esto ahora, significa que no puedes comprar otra cosa en el futuro. ¿Esto lo llevará a saltarse una comida o a tener que vivir sin un producto más esencial?

2. **¿Necesito esto o solo lo compro porque está en oferta?**
Las compras por impulso son uno de los mayores asesinos del minimalismo y uno de los mayores imanes del desorden. Una necesidad genuina surgirá una y otra vez. Si no lo hace, entonces usted puede prescindir del artículo que satisface esa necesidad. Asegúrese de que todas sus compras sean planificadas y no solo una decisión improvisada. No se limite a comprarla tan pronto como la desee; dese tiempo para evaluar su situación y presupuesto por completo. Si lo estás comprando por una razón válida y es una compra necesaria, lo sabrás.

3. **¿Tengo ya algo similar a esto o puedo alquilarlo fácilmente?**
Antes de salir corriendo a comprar algo nuevo, comprueba que no tienes algo similar en hogar. Encontrará que algunos artículos de su

hogar pueden ser reutilizados. En lugar de salir a comprar recipientes nuevos, ¿por qué no usar los más viejos que se pueden lavar y reutilizar? Si necesita una herramienta eléctrica para llevar a cabo un proyecto, puede alquilarla o pedirla prestada a un vecino en lugar de comprar una herramienta completamente nueva que probablemente solo se utilizará una vez cada seis meses. Al alquilar o reutilizar, usted se ahorra mucho dinero.

4. **Si no compro un producto de mayor calidad, ¿cuál es la probabilidad de que tenga que reemplazarlo?**
La "calidad sobre la cantidad" debería ser uno de sus mantras. La calidad del producto debe ser su mayor prioridad porque si usted termina con algo de calidad inferior, tendrá que desembolsar dinero para otro muy pronto. ¿Por qué no te ahorras el estrés y compras algo que dure mucho más tiempo? Pregúntate a ti mismo: "¿La calidad vale la pena el precio?" Tal vez usted quiere conseguir un nuevo conjunto de tapicería y se da cuenta de que las puntadas ya se están desabrochando en un lado. Antes de gastar todo su dinero, considere usarlo para obtener algo más duradero. Es pura alegría ver que un artículo que compró hace años sigue cumpliendo su propósito con poco o ningún desgaste.

La estrategia de la lista de deseos de 30 días

Una forma de hacer frente a compras innecesarias es emplear la estrategia de la lista de deseos de 30 días. El método aquí es simple: cada vez que sienta la necesidad de comprar algo, escriba el nombre de ese artículo en una lista. Esta lista puede estar en cualquier lugar: su teléfono, su diario o incluso una nota en el refrigerador. Cada vez que anote un elemento, anote junto a él la fecha. Esto servirá como un registro de sus impulsos de gasto y el día en que sintió cada uno de ellos. Lo que vas a hacer es esperar al menos 30 días antes de considerar comprar este artículo. Esto le dará mucho tiempo para investigar el artículo y para ver si todavía lo quiere después de que haya pasado mucho tiempo. Para compras más costosas, considere estirar 30 días a un período de tiempo más largo. Si usted decide que todavía quiere el artículo después de 30 días o más, y está seguro de que no posee ya un artículo similar, entonces siga adelante y cómprelo.

CAPÍTULO CINCO - LOS SECRETOS DEL MINIMALISMO FINANCIERO

Tan nuevo como le pueda parecer, el minimalismo financiero es un concepto real, y viene con beneficios reales. Algunos de nosotros podríamos haberlo practicado sin saber que estábamos siendo financieramente minimalistas. Mientras que la mayoría de nosotros nos enfocamos en la reducción de nuestras hogares y nuestro entorno físico, el minimalismo también puede aplicarse a la salud financiera. Todas las veces que te reprimiste de gastar extravagantemente, eso fue minimalismo financiero. Inscribirse en una economía sin dinero en efectivo es un minimalismo financiero.

El presupuesto, que es un aspecto importante del minimalismo financiero, le dará más claridad en sus gastos y le ayudará con sus prioridades financieras. El minimalismo financiero no se trata de gastar menos dinero, sino de gastar solo cuando sea necesario. Aboga contra el gasto siempre que te apetezca. El minimalismo financiero se trata de gastar intencionalmente, de mantener el control de cada centavo y de no dejar que ninguna cantidad se le escape de las manos.

Cómo el minimalismo puede ayudarle financieramente

1. El minimalismo financiero le ayuda a minimizar sus gastos

Con el minimalismo financiero, usted solo va a comprar los artículos o servicios que significan más para usted. Una vez que haya establecido sus prioridades de compra, naturalmente tendrá más control sobre sus hábitos de gasto. La manera en que usted gasta el dinero cambia cuando se enfoca en adquirir artículos específicos y no solo en vivir de improviso. Cuando usted gasta más intencionalmente, naturalmente comienza a ahorrar más dinero.

2. Menos exceso en su hogar

Una vez que usted es capaz de controlar sus gastos, usted controla automáticamente la acumulación de exceso en su vida. El minimalismo financiero le ayuda a mantener un registro de las cosas que ya posee para que no siga comprando lo mismo, creando desorden. Verás los resultados de tus gastos intencionales en el espacio en el que vives. Con el tiempo, se formará menos desorden y usted manejará su espacio mucho más fácilmente.

3. Le da más enfoque para sus metas financieras

El minimalismo financiero le ayuda a entender la importancia de un presupuesto financiero. Gastas con un plan, con un objetivo. La presupuestación ayuda a racionalizar sus gastos en función de sus necesidades actuales. También le ayudará a identificar las áreas en las que tiene que cambiar la forma en que maneja el dinero. Con menos dinero saliendo de sus cuentas, es mucho más fácil mantener sus metas financieras a la vista.

4. Libre de deudas

Una buena manera de simplificar su vida financiera es salir de deudas. De hecho, es difícil tener control sobre sus finanzas si todavía tiene muchas deudas. Las deudas pueden tener el mismo efecto en sus finanzas que el pensamiento negativo en su mente. Con el minimalismo financiero, será fácil para usted identificar los factores que conducen a la acumulación de deuda y abordarlos. Y, además, estará en una posición mucho mejor para pagar sus deudas ahora que está ahorrando más dinero gracias a su nuevo estilo de vida minimalista.

5. Dar se vuelve más fácil para usted

Cuando tiene más seguridad financiera, puede dar más sin restricciones. Gastas menos en ti mismo, por lo que puedes dar a otros cuando lo necesiten. Cuando practicas el minimalismo financiero, es más fácil para ti reconocer qué y cuánto puedes aportar. Mientras hace un presupuesto para el mes, puede reducir algunos gastos y donar el dinero extra en su lugar. De ese modo, lleva un registro de su dinero y sabe que no se desperdició nada.

Consejos minimalistas para ayudarle a lograr la libertad financiera

1. **Identifique sus valores financieros**

Usted debe saber las cosas que son importantes para usted cuando se trata de dinero. Será difícil para usted tener control sobre sus finanzas si aún no ha entendido sus valores. Tenga una idea clara de los hábitos de dinero en su vida que deben ser eliminados. Selecciona aquellos que necesitan ser adoptados y trabaja para asimilarlos a tus hábitos. Descubra cuáles son sus valores financieros y comience a racionalizar su presupuesto para que se adapte a ellos. Algunas prácticas que usted puede adoptar son:

- Nunca vivir por encima de tus posibilidades
- Eliminar la propensión a pedir préstamos
- Cumplir con un presupuesto
- Tener un fondo de emergencia

Con estas nuevas prácticas en su vida, le será más fácil eliminar lo que no es esencial entre sus gastos. Sus metas financieras se alcanzarán con menos estrés y la vida será aún más sencilla.

2. **Tenga un fondo de emergencia**

Tener un fondo de emergencia siempre es un salvavidas. La cantidad que usted deposite en él dependerá de cuánto gane, y no importa lo pequeño que sea su ingreso, asegúrese de que un porcentaje de él se destine al fondo de emergencia. Transfiera dinero a su fondo de emergencia y luego continúe con el resto del mes. No piense en ello como otra fuente de dinero para cuando quiera gastar. Como su nombre indica, está reservado para emergencias. Tiene que practicar una disciplina minuciosa si quieres tener éxito con ella. Siempre que tenga que sacarle provecho, asegúrese de agregarle más dinero más tarde para mantener un equilibrio razonable.

3. Utilice ayuda digital

Hay muchas aplicaciones fantásticas en la tienda de aplicaciones que te ayudarán a pagar tus facturas automáticamente sin causarte estrés. Todo lo que necesita es introducir su método de pago, la hora programada para el pago y la cantidad a pagar. Unos días antes de que se realice el pago, se le avisará de las deducciones recibidas. Algunas de estas aplicaciones también le ayudarán a llevar un registro de cuánto gastó en un servicio en particular durante un período de tiempo. Al hacer uso completo de estas aplicaciones, usted nunca tiene que preocuparse de hacer un pago a tiempo (¡y potencialmente crear deudas!), y usted ahorra un poco de tiempo cada mes.

4. Desarrolle un sistema de presupuestación que funcione y manténgalo

¿Quieres gastar menos de lo que gana? Entonces la solución es simple: necesita un presupuesto. El presupuesto le ayuda a administrar los gastos y nunca gasta más de lo que puede permitirse. Sin importar cuánto gane, el dinero que sale de sus manos cada mes nunca debe ser más de lo que entra; si lo es, corre el riesgo de tener más deudas. Suena como algo que todo el mundo debería poder hacer fácilmente, pero este no es el caso en absoluto.

Agrupe sus gastos en categorías para ayudarle a llevar un registro de cuánto gasta en cada categoría. Mantenga las categorías tan consolidadas como sea posible, para que la lista no crezca demasiado. Las categorías comunes incluyen servicios públicos, cuentas de teléfono, transporte, alquiler, comida y varios. El contenido de la lista variará de persona a persona debido a varias razones, pero deben compartir la igualdad racionalizada. Haga una lluvia de ideas y calcule cuánto gasta por mes en cada categoría y utilícela para crear su presupuesto final.

Una cosa es tener un presupuesto y otra cosa es atenerse a él. No cree un presupuesto con el fin de crear un presupuesto. Resista la tentación de sentarse y de repente sienta que todo va a salir bien. ¡Su trabajo no ha terminado! La disciplina debe atarlo a su presupuesto. Surgirán tentaciones e intentarán aflorar sus viejos hábitos, así que prepárense para esto. Mantenga su enfoque en sus valores financieros fundamentales y siempre tendrá éxito.

5. **Minimice la deuda**

En pocas palabras, "Deuda es dinero robado de tus ahorros futuros". Y quién dijo que viajar en el tiempo no era una cosa, cuando la gente se roba a sí misma cada día. Siempre puede encontrar la disciplina para evitar caer en deudas, sin importar lo apretada que pueda parecer la situación. Busque otras opciones. Cambie su mentalidad hacia la propiedad de cosas que usted puede permitirse en el momento presente, en lugar de comprar cosas a crédito e insistir en que se organizará más tarde. La paz mental que viene de no tener ninguna deuda es mucho más gratificante que la efímera subida que su compra impulsiva le dio.

6. **Encuentre mejores ofertas**

Siempre que necesite comprar algo, tómese su tiempo para investigar y encontrar las mejores ofertas. Puede tomar un poco de tiempo, pero el resultado final vale la pena. Seguirás recibiendo exactamente lo mismo, pero gastarás menos dinero. No se apresure a gastar los dólares que tanto le ha costado ganar solo porque pueda permitírselo. Ahorrar algo de dinero al encontrar la mejor oferta le dejará con más dinero después de la transacción. Puedes destinar esto a tus ahorros o comprar otra cosa que necesites. Te sorprenderá la cantidad de descuentos que se ofrecen. Solo tienes que encontrarlos. Y recuerde, aunque usted debe ir para el mejor reparto, cerciórese de que sigue siendo para un producto de alta o sobre el promedio de calidad.

7. **Deshágase de las distracciones**

Piense profundamente y trate de identificar todas las distracciones potenciales de su vida financieramente minimalista. ¿Cuáles son las tentaciones que te empujan a comprar cosas que no necesitas? Si estás suscrito a una tienda en particular que siempre te envía artículos convincentes que te llevan a comprar sus productos, entonces cancela la suscripción. Deje de seguir a los influyentes de las redes sociales que constantemente te tientan a comprar nuevos productos que no necesitas. Si hay algo o alguien en su vida que te hace sentir que su vida está incompleta, elimine a esa persona. No se arrepentirá y no será menor por ello. Con estas distracciones fuera del camino, finalmente usted puede concentrar toda su atención en hacer lo correcto según sus finanzas y su vida.

CAPÍTULO CUATRO - LIBÉRESE DEL DESORDEN EMOCIONAL Y MENTAL

Manejamos varias maneras en las que podemos cuidar el desorden físico, pero el desorden no termina ahí. El desorden también ocurre en nuestra mente. Cuando las personas se quejan de inestabilidad emocional o depresión, es simplemente por el desorden emocional. Han ignorado el foco principal de la existencia y han comenzado a perseguir las cosas sin sentido en la vida - cosas que solo obstruyen la mente y no llevan a ninguna parte.

Los componentes básicos de la mente son los pensamientos. Una vez que nuestros pensamientos han sido manejados, entonces el desorden mental puede ser tratado. Estos pensamientos pueden ser positivos, negativos o neutrales y así como su hogar está llena de posesiones, su mente también puede estar llena de pensamientos. Si son pensamientos positivos, entonces usted está en el lado seguro. Pero ese no suele ser el caso. Desafortunadamente no es tan fácil lidiar con el desorden mental y emocional como lo es lidiar con el desorden físico. No puede simplemente descartar un pensamiento y esperar que no regrese. No funciona de esa manera.

A veces parece que estos pensamientos tienen mecanismos y mentes propias, y a veces pueden controlarte. El pensamiento constructivo es necesario para ayudar con la resolución de problemas, análisis, toma de decisiones y planificación, pero a pesar de todo esto, la mente puede producir negatividad de la nada. Esto forma una distracción interna del mundo físico que te rodea. ¿Alguna vez se ha encontrado con alguien en el metro que haya pasado su parada designada solo porque estaba en lo más profundo de sus pensamientos? Eso significa un peligroso desorden emocional. Poco a poco van perdiendo contacto con el mundo físico. Estos pensamientos negativos surgen en su mayoría como resultado de asumir que mientras más duro pienses en tus problemas, más fácil será para ti salir de ellos. Por supuesto, sabemos perfectamente que se trata de una ideología defectuosa, pero nos aferramos a ella. ¿Por qué? Es porque estos pensamientos ya han creado una fortaleza en la mente. Pronto descubres que has estado atrapado en un bucle constante de pensamiento arrepentido sobre tu pasado y ansiedad por el futuro.

Estos pensamientos se convierten en una parte tan integral de tu mente que empiezas a pensar que no hay nada que se pueda hacer al respecto. No puede apagar su cerebro y hacer que deje de procesar algunos pensamientos. Los pensamientos negativos son como un virus en una computadora. Puede reiniciar el sistema y sigue ahí cuando lo enciende de nuevo. Puede dormir, despertarse de nuevo, y sus pensamientos continuarán molestándolo. Tiene que lidiar con ellos antes de arruinarte la semana.

Todos tus pensamientos pueden estar inconscientes, pero puedes manejarlos practicando la intencionalidad. Tienes mucho más control sobre tu mente de lo que crees. Solo tienes que estar dispuesto a ejercer ese control. Una vez que hayas manejado tu desorden emocional, descubrirás una inmensa cantidad de creatividad e inspiración que te espera, escondida bajo todo ese desorden.

Factores que facilitan el desorden mental

Antes de empezar a tratar de lidiar con el desorden mental y emocional, es necesario que abordemos el problema de raíz. ¿De dónde emana todo este desorden?

- **Estrés**

El estrés puede fácilmente abrumarlo y dominar su motivación para vivir. El estrés está asociado con una variedad de problemas mentales como la depresión, la ansiedad y los ataques de pánico. Cuando se combina con preocupaciones, pensamientos negativos y otras preocupaciones que agobian nuestra vida diaria, el problema solo se multiplica. El sueño se ve afectado. Los problemas de control de la ira pueden aparecer. Los dolores de cabeza y de pecho están a la orden del día.

El estrés puede manifestarse de varias maneras, por ejemplo, en un ambiente de trabajo tóxico, violencia doméstica en el hogar o incluso en un niño problemático. Las cosas resultan ser tan complicadas e intensas que su mente pierde la capacidad de controlarse.

- **Un exceso de objetos de material**

Hemos tratado este tema en un capítulo anterior. Una vez que su vida y su hogar se obstruyen y se llenan demasiado de cosas, su mente comienza a sufrir. En la era moderna, estamos tan ansiosos de llenar nuestras hogares con posesiones inútiles que no tienen valor real y que pueden ser abandonadas. Todo esto contribuye al consumo de tiempo, se convierte en una fuga financiera y provoca ansiedad.

Las personas que se ven impulsadas a vivir sus vidas en base a la cantidad de posesiones físicas que poseen siempre están en el lado competitivo. Nada es suficiente para ellos. Siempre querrán mantenerse al día con las últimas tendencias sin importar lo que les cueste financiera o emocionalmente. Limpiar su vida de estas cosas en última instancia ayudará a frenar los efectos del pensamiento negativo y la ansiedad.

- **Una letanía de opciones**

Demasiadas opciones y variedad pueden llevar sutilmente a la depresión y la ansiedad. Al principio puede parecer la vida perfecta, tener un montón de opciones para decidir, pero con un análisis más detallado descubrirá la calidad no deseable de la misma. Lo que debería ser una decisión que se puede tomar en cuestión de segundos conducirá a días de agonizante contemplación. Una letanía de opciones es agotadora y estresante.

Prácticas que debe conocer para ayudarle a lidiar con el desorden mental

1. **Meditación**

Minimalismo

Ciertos conceptos erróneos pueden disuadirte de practicar la meditación. La verdad es que no tienes que ser un monje budista, un psíquico o incluso una bruja certificada para practicar la meditación. No se asuste por las historias que escuchas sobre los habitantes de las cuevas que meditan durante meses a la vez. Hay niveles de meditación, y en este punto, solo vamos a abordar los niveles básicos de la misma. La meditación no pertenece a personas de cierta fe religiosa o inclinación espiritual.

Lo único es que la meditación y la razón para realizarla varían de un meditador a otro. Para este capítulo, la meditación será considerada una herramienta para ayudarte a controlar tu mente y tus pensamientos. Puede practicar la meditación en cualquier lugar que le apetezca. Usted no necesita necesariamente un ambiente tranquilo, pero debe ser capaz de lograr esa tranquilidad en el interior. De esa manera, será más fácil para ti ordenar tus pensamientos y escoger aquellos que deberían ser desechados. Los beneficios de la práctica de la meditación son numerosos, tanto para su bienestar físico como para el lado emocional de su vida.

El punto principal es practicar la meditación consistentemente. No se pueden cosechar todos sus beneficios sin una práctica constante. Comprométase a practicar la meditación a una hora programada todos los días. De esta manera, mejorará su capacidad para controlar los mecanismos de su mente y ponerlos bajo control.

La meditación no tiene que tomar mucho tiempo. Todo lo que tienes que hacer es encontrar un lugar y quedarte quieto. Establezca una hora específica todos los días en la que llevará a cabo su meditación y se apegará a ella. No elijas una posición demasiado cómoda para no quedarte dormido mientras meditas. Apague todos los dispositivos digitales capaces de producir ruido o cualquier distracción. Trate de calcular el tiempo usted mismo para saber cuándo ha hecho lo suficiente. Para los principiantes, cinco minutos son suficientes para meditar eficazmente.

Asegúrese de estar listo para el proceso, y nada más lo distraerá. Durante los próximos cinco minutos, concéntrese en su respiración.

Cuente el número de respiraciones que hace dentro y fuera de su cuerpo. Observe cómo el aire lo abandona y regresa a las fosas nasales. Observe la elevación y la caída de su región torácica. Permita que su respiración fluya naturalmente; no trate de controlarla. Esto le ayudará a concentrarse. Al principio, es posible que tenga problemas para mantener la concentración, pero intente volver a prestar atención a la respiración cada vez que lo haga.

Cierre los ojos para evitar distracciones visuales. La meta de la meditación es cerrar los pensamientos de tu mente. Al concentrarse en la respiración, usted está desviando la atención de cualquier cosa que le cause estrés. Ondea los negativos y guarda los positivos para que puedas rumiar sobre ellos cuando llegue el momento.

2. **Lidiar con los pensamientos negativos**

Muchas personas pasan por la vida todos los días con pensamientos negativos flotando en la superficie de sus mentes. Se han convertido en víctimas de una inundación mental y si no se les presta atención, pueden ahogarse. Las voces negativas en sus cabezas hablan más y más fuerte hasta que no pueden oírse a sí mismos. A esta forma de negatividad se le puede dar fuerza y una fortaleza en la mente si no es desafiada en la etapa inicial.

El primer paso es notar estos pensamientos antes de que se salgan de control. Fíjese en el patrón con el que operan en su mente. Usted puede emplear estas estrategias para su beneficio:

a. **Esté atento**

No siempre necesita tener una reacción emocional a todos sus pensamientos. A veces debería salir de la escena y convertirte en espectador. Observe lo que sucede en su mente. Noten cómo sus pensamientos interactúan entre sí. No juzgue ninguno de estos pensamientos de manera negativa o positiva. Solo siéntese y observe.

b. **Vea sus pensamientos por lo que realmente son**

Aunque son lo suficientemente poderosos como para alterar facetas enteras de su vida, entienda que estos son pensamientos y nada más. No son reales por el momento, pero tienen la capacidad de volverse reales si no los manejas.

c. Poner un control de carretera

Uste es dueño de su mente, ¿verdad? Deben poder determinar qué entra, qué se queda y qué sale. Cada vez que te encuentres en un estado mental que te haga sentir incómodo, aprende a regañarte y a detener la reacción. Puede expresar su negativa a pensar esos pensamientos. Diga: "Me niego a ser atrapado por pensamientos negativos en esta red de distracciones". Construya muros alrededor de su mente, fortalezas que le servirán para protegerse cuando llegue el momento.

d. Conozca las causas

Cada pensamiento negativo en su mente es causado o desencadenado por un cierto factor. Puede ser una persona, otro pensamiento, una situación o incluso un estado físico. La próxima vez que te encuentres revolcándote en estos pensamientos, tómate el tiempo para averiguar qué fue lo que desencadenó los pensamientos. Lo más probable es que estén ahí tirados esperando a ser descubiertos y tratados.

Anote los principales desencadenantes que le vienen a la mente. Reflexione un rato sobre ellos y vea si puede encontrar alguna solución para ellos. Si es algo que puedes resolver por ti mismo, como la reconciliación de una relación arruinada o trabajar en tus propios defectos, entonces sigue adelante y lidia con estos pensamientos. Si descubres que no tienes poder sobre la situación en cuestión, como la incapacidad de viajar debido al mal tiempo o a un aborto espontáneo, decide ser feliz a pesar de todo. No causaste nada de esto, así que no hay necesidad de sentirte mal por ello.

e. Ocupa tu mente

Cada día que despiertas, te despiertas con la mente clara, una tabula rasa. Si la dejas vacía, la mente tiene una manera de crear algo que hacer por sí misma. ¿Alguna vez has notado cómo tu mente nunca está

Minimalismo

vacía, cómo en cada momento estás siempre rumiando y considerando un problema? La mente solo está inactiva cuando estás dormido, y eso si no se ve abrumada por los sueños. Así que una vez que despiertes, dale a tu mente algo creativo que hacer. Enfoque su poder mental en proyectos importantes que le ayudarán a alcanzar una meta a largo plazo. Date algo positivo de qué preocuparte, como cómo puedes obtener un doctorado. Si se encuentra atrapado en el tráfico, tome un libro, lea o busque una charla TED perspicaz y escúchela.

f. Someta su mente bajo su control

Usted es el jefe aquí. Su mente le pertenece, y nunca debe renunciar al control. Nunca dejes que pase a través de los pensamientos que no quieres procesar. Mantenga su mente bajo control para que cada vez esté satisfecho con el resultado que produce. Usted puede lograr esto practicando lo siguiente:

g. Identifique los pensamientos equivocados y reemplácelos: Los pensamientos equivocados son fáciles de identificar; pueden ser vistos a kilómetros de distancia. Una vez que tu mente comienza a procesarlas, notas que cierto tipo de peso se cierne sobre ti. Y son en su mayoría exagerados. Es curioso, los pensamientos equivocados son muy agradables de sostener. Acabas de perder tu trabajo a los 50 años y empiezas a pensar: "Soy un fracaso total. ¿Puede salir algo bueno de mí?" Sabes que no deberías estar pensando de esa manera, pero parece muy cómodo vivir en ese estado de ánimo. ¿Por qué? Bueno, nadie tiene pensamientos positivos después de una mala experiencia. Si examinan ese pensamiento de cerca y con veracidad, descubrirán que no es del todo cierto. Alguien en algún lugar te admira por lo que eres, independientemente de tu estado financiero actual.

En lugar de mantenerte en ese estado, ¿por qué no desafiar tus pensamientos negativos con pensamientos positivos? Asegúrate de que no eres un fracasado o un perdedor. Pensar que lo eres no te convertirá automáticamente en un éxito. Cuántas veces has ido a una entrevista de trabajo y uno de los entrevistadores dice: "Bueno, parece que siempre te has considerado un fracaso. Vamos a darte el trabajo para ayudarte a dejar de verte de esa manera". Eso no sucede. De hecho, las personas que engendran pensamientos negativos son siempre repulsivas para los demás. Por cada persona que ha dado un comentario negativo sobre usted o su trabajo, hay unos diez comentarios positivos más. Entonces, ¿por qué permites que ese comentario estropee tu estado de ánimo y corrompa tus otros pensamientos?

h. Acepte la situación, pero no se sienta cómodo con ella.

¿Qué haces cuando los pensamientos negativos que giran alrededor de tu mente son ciertos? ¿Cómo será capaz de hacer frente a la situación que desencadena estos pensamientos negativos? Es difícil desafiar los pensamientos negativos con positividad cuando la verdad te mira fijamente. Acaba de perder su hogar y toda su propiedad por el fuego. Sus calificaciones se están agotando y, a este ritmo, probablemente no se graduará.

Estos son pensamientos negativos sobre situaciones que no pueden ser eliminadas, pero usted puede reducir el efecto que tienen en su mente aceptando la situación en cuestión, no los pensamientos. Sucedió, y no hay nada que puedas hacer sobre el pasado, pero puedes cambiar el futuro. No empiece a alimentar la culpa por su descuido, ni siga diciendo que las cosas podrían haber sido mejor. Solo está haciendo que su cabeza se empañe y atasque sus emociones. En este punto, su mejor apuesta para una solución es encontrar la paz mental.

Aceptar la situación le ayudará a identificar maneras de mejorar o resolver el problema en cuestión. Siempre hay un lado positivo, no importa cuán oscuro sea, y solo puede ser identificado con una mente clara.

i. Tome las medidas necesarias

La preocupación y la estrategia son dos cosas diferentes. Preocuparse es más fácil, pero sus resultados pueden ser perjudiciales para usted. La estrategia requiere energía mental que la mayoría de nosotros no estamos dispuestos a sacrificar. La verdad es que la preocupación no te lleva a ninguna parte; es mejor que emplees una estrategia. La desventaja de preocuparse es que se gasta tanta energía produciendo pensamientos negativos y nunca se llega a una solución. Toda la energía que gastó en preocuparse podría haber sido destinada a la elaboración de estrategias, y tal vez su problema ya estaría resuelto.

Identifique sus valores fundamentales

Un gran desafío al que se enfrentan las personas de esta edad es la incapacidad de identificar lo que es verdaderamente importante para su existencia. En nuestro mundo de hoy, hay tantas distracciones que nos quitan lo que necesitamos. Somos bombardeados por el marketing y los mensajes sin sentido, y rara vez vamos hacia adentro, conectándonos con nuestra voz interior. Estas cosas pueden convertirse en una sobrecarga tal que el proceso de priorizar nuestros valores se convierte en una tarea importante. Esto hace que sea muy necesario reevaluar lo que es más importante para nosotros cada día que pasa. Superar todo el ruido de la sociedad definiendo sus valores fundamentales.

Identificar sus valores fundamentales es una manera segura de ayudarle a combatir el desorden, tanto física como mentalmente. Estos principios lo ayudarán a gastar tiempo, energía y dinero haciendo las cosas que le ayudarán a largo plazo. La presencia de valores fundamentales le permite mantener la concentración. Es más fácil detectar distracciones. Muchas de las personas con mayores logros de nuestra era son personas que han identificado sus valores fundamentales. Una vez, durante una entrevista, Steve Jobs declaró que mantenía su guardarropa aerodinámico hasta simples cuellos de tortuga negros, jeans azules y zapatillas New Balance. ¿Por qué? Para que sus decisiones de vestuario no le quitaran mucho cerebro y pudiera concentrarse en lo que realmente importaba. Esa respuesta refleja la mentalidad de alguien que ha identificado sus valores fundamentales. Trate de imaginarse lo organizado y minimalista que probablemente se veía su armario.

Cómo identificar sus valores fundamentales

Los valores centrales no se seleccionan, sino que se descubren o revelan. Es fácil decir que la aptitud física es uno de sus valores fundamentales, pero ¿cuándo fue la última vez que hizo ejercicio?

Decidir sobre sus valores centrales puede ser una tarea desalentadora, pero lo que descubra sobre sí mismo le ayudará. En caso de que no estés familiarizado con el terreno de los valores fundamentales, vamos a repasar algunas listas e identificar algunos valores que te atraen. A partir de ahí, usted puede hacerlos más eficientes y convertirlos en sus opciones perfectas. Esto puede ayudarle a identificar sus valores fundamentales:

a.   Sus mejores experiencias
¿Qué considera un momento muy importante en su vida? ¿Qué es lo que hace que ese momento destaque para usted? ¿Qué sintió ese mismo momento? ¿Qué valores entraron en juego para hacer de este momento un momento muy importante?

b.   Valores suprimidos
Esto es lo opuesto al primero. Aquí, considere los valores que se cruzaron a través de usted cuando estaba más enojado e irritado. ¿Qué te enojó durante esos momentos? Esos son sus valores suprimidos. Parece que nunca vuelven la cabeza, pero siguen siendo tan relevantes como siempre.

c.   Lluvia de ideas
La lluvia de ideas implica más bien una búsqueda general. Te haces preguntas que solo tú puedes responder. Escoja un bolígrafo y un bloc de notas y responda a estas preguntas:
- ¿Qué valores en otros me atraen más?
- ¿Qué es lo que más me motiva en la vida?
- ¿Qué es lo que más admiro de mí mismo?
- ¿Cuál es una virtud que nunca quiero perder?

Mientras respondes estas preguntas, seguramente encontrarás momentos de claridad y comprensión y encontrarás tus valores fundamentales esperando al otro lado de la reflexión.

d.   Pregúntale a la gente que te rodea

A veces las personas que te rodean notan cosas que podrías ignorar sobre ti. Por ejemplo, alguien que es ordenado u organizado puede no entender necesariamente cuán ordenado u organizado es hasta que la gente lo señala y lo elogia por ello. Es como usar una marca de colonia en particular durante años. Pronto la fragancia se mezcla naturalmente con la nariz y los nervios olfativos no interpretan el olor porque lo han estado haciendo durante mucho tiempo. Hasta el día en que alguien se lo indique, es posible que nunca entienda lo mucho que se ha convertido en parte de ti.

Sus valores centrales son así. La gente ve sus valores incluso antes de que los note, por lo que sus opiniones pueden ser muy necesarias para ayudarlo a identificarlos. Busque a las personas inteligentes y observantes a su alrededor y pídales que lo definan y lo que creen que representa. Te sorprenderán las respuestas que recibas. No hay forma de que no pueda identificar sus valores fundamentales después de seguir estos pasos.

Todo lo que necesita saber acerca de cómo declarar sus relaciones

Necesitas gente en tu vida, pero a veces pueden ser grandes obstáculos. Una vez que sus relaciones comienzan a tambalearse, un desequilibrio se establece y pronto, usted es vencido por la angustia. La dolorosa pregunta: "¿En quién puedo confiar?" comienza a perseguirte.

Un dicho popular dice: "No estamos de acuerdo en estar de acuerdo". Los malentendidos y las reconciliaciones son algunos de los bloques que construyen y fortalecen una relación. Pero cuando estas interacciones lo dejan constantemente agotado y emocionalmente agotado, entonces ya es hora de que intente reparar los puentes rotos o eliminar a la otra parte de su vida.

Nunca entenderás la importancia de tener relaciones saludables hasta que trates de imaginar una vida sin ninguna forma de ansiedad relacionada con las personas que la habitan. Las personas más productivas son aquellas que han creado un equilibrio perfecto en cada relación, ya sea con su cónyuge, hijos, jefes o incluso con la persona que los acompaña en el tren.

El desorden en las relaciones puede acumularse en una variedad de formas, tales como discusiones de menor importancia, malicia, odio, envidia, celos y cosas por el estilo. Una vez que ganan suficiente terreno, te atascan la mente. Piense en la última vez que se sintió molesto por su mejor amigo, o cuando envidiaba tanto a alguien que podía saborear el descaro en su propia garganta. Piensa en lo apesadumbrado que se sintió tu corazón en esos momentos. Luego trate de recordar el sentimiento que tuvo cuando hubo un abrazo de reconciliación. ¿Puedes sentir cuán ligero era tu corazón en ese momento y las respiraciones profundas que tomaste después? Esa es la belleza de una mente decadente. El espacio se crea instantáneamente para algo más, algo que vale la pena.

No se trata solo de tener relaciones, sino de tener relaciones de calidad. Aquí hay otro dicho: "Es mejor hacer un verdadero amigo en mil años que hacer mil falsos conocidos en un año." La belleza de las relaciones no está en la cantidad sino en la calidad. Los ingredientes que componen una gran amistad incluyen:

- Intereses compartidos
- Respeto mutuo y confianza
- Comprensión y aceptación
- Apertura y honestidad
- Resolución saludable de conflictos

Crear relaciones es necesario para su existencia y es por eso por lo que es esencial que se tome su tiempo para elegir las relaciones en las que

Minimalismo

debe invertir. La razón principal por la que la pérdida de una relación duele tanto es por nuestra inversión emocional.

Para empezar, trabaje en sus relaciones. Empieza por ti mismo. Dicen: "Si quieres cambiar el mundo, empieza por ti mismo". Si quieres cambiar tus relaciones, debes empezar por ti mismo. Puede ser tan obvio y evidente que la otra persona en la relación también necesita hacer un cambio, pero ignore ese hecho y comience con su propio cambio. Le ayudará a sanar y a eliminar todo el desorden. Después de todo, usted no puede cambiar a los demás, excepto si ellos aceptan cambiarse a sí mismos o ser cambiados. Estas estrategias le ayudarán a construir relaciones más saludables:

1. INVIERTA EN SI MISMO (SU TIEMPO Y PRESENCIA)

Una vez vi a alguien colgar una foto de un amigo y ponerle un título: "Gracias por estar allí. Feliz cumpleaños." Era la primera vez que veía un mensaje tan corto en un mensaje de cumpleaños, pero era muy profundo. Esa palabra "allí" significaba mucho para la persona que había publicado la foto. Pero ¿qué quiso decir exactamente con "allí"?

"Allí" significa presencia y tiempo. Ese amigo estaba disponible cuando más lo necesitaban. Ese tipo de amigos son difíciles de ignorar u olvidar. Se ponen a disposición durante los momentos más oscuros de nuestras vidas. Están presentes cuando importa. ¿Qué tan presente estás en tus relaciones? ¿Cuánto de ti has invertido? Aquí le mostramos cómo invertir en una relación:

1. Preste atención

¿Cómo te sientes cuando alguien no está prestando atención a algo importante que estás diciendo? ¿Cómo se siente cuando sabes que no están escuchando algo que significa mucho para ti? Es desalentador en el mejor de los casos, y las posibilidades de que alguna vez quieras compartir una conversación con ellos son muy escasas. La verdad, por más amarga que parezca, es que probablemente también lo haya hecho, intencionalmente o no.

Esto sucede principalmente debido a las numerosas distracciones en la mente que tienden a monopolizar su atención. Esto hace que usted se concentre más en la multitud en su mente que en la persona que le está hablando. Aun así, eso no es excusa. Prestar atención es la voluntad de salir de todas esas distracciones y escuchar, no solo escuchar. Absorba al orador y sus palabras para que se sienta seguro y cómodo hablando con usted. Hágalo todo sobre la otra persona y lo que está diciendo. Haga que cada gesto cuente y trate de no parecer distraído. Estos consejos le ayudarán:

- Permita que el orador domine la conversación hasta que le pida su opinión.
- Evite interrupciones innecesarias, excepto si tiene algo realmente importante que decir.
- Escuche la historia completa antes de sacar conclusiones precipitadas.
- Mantenga sus gestos y expresiones faciales lo más neutrales posible.

Prestar atención puede parecer unilateral, como si el hablante es el único que se beneficia durante la interacción, pero aprender a escuchar y callar el ruido en su mente es un gran beneficio para usted. De hecho, es una forma de ayudarlo a despejar su mente y estar más presente.

a. Hable positivo y con ánimo

El idioma importa en cada conversación. No se apresure a derramar el contenido de su mente. Primero, sondearlos y anticipar una reacción antes de liberarlos. Los comentarios negativos son productos de pensamientos negativos y pueden ser perjudiciales para una relación.

Preste mucha atención a las cosas que dices durante una conversación. Puede parecer que no importa, pero la otra persona puede sentir de manera diferente. Reconozca que cada palabra es poderosa y puede crear un efecto diferente a lo que se pretendía. No digas: "Pero deberías saberlo, sobre todo con toda tu educación". Diga: "Fue un momento de aprendizaje para ti, y me alegra que hayas aprendido la lección". No digas: "Actuaste tan estúpidamente". Diga: "No creo que eso fuera lo correcto en ese momento". Habla con amor y compasión.

Dominar el arte de la comunicación compasiva hará que otros quieran hablar y relacionarse con usted. Resista la tentación de juzgar las acciones de otras personas. Póngase en su lugar y trate de entender por qué actúan de la manera en que lo hacen. Cuando domines el arte de ser amable en todas sus formas, las personas a tu alrededor reflejarán las mismas acciones, y tus relaciones florecerán aún más. Por supuesto, ya tienes una idea de lo bueno que será para tus emociones. Encontrarás paz en tu mundo interior, y se reflejará en el mundo que te rodea.

   b. Encuentre razones para amar

No importa lo mala que sea una persona, siempre hay una razón para amarla. Encuentra esa razón y aférrese a ella. Por supuesto, se nos ha dicho que amemos a la gente incondicionalmente, pero la naturaleza humana lo hace difícil de hacer. A veces es mejor encontrar razones para amarlos, incluso cuando parece que no deberían ser amados. Reducir los pensamientos negativos que tienes sobre las personas en tu vida puede mejorar significativamente tu relación con ellas.

Los estudios han demostrado que cuando pensamos positivamente en los demás, esto nos lleva a una mayor satisfacción en la vida, amabilidad hacia los demás en general, esperanza y entusiasmo para construir mejores relaciones. La forma en que usted decida practicar el arte del pensamiento positivo depende de usted. Puedes hacerlo meditando en su buen carácter, o puedes hacerlo diciendo cosas positivas sobre ellos. El objetivo de esta práctica es transformar su mente y declinar sus emociones.

   c. Elimine la comparación

La comparación es una prisión en la que mucha gente está encerrada. Compararse con los demás es una manera segura de evitar cualquier forma de progreso. Las comparaciones son terreno fértil para generar pensamientos negativos. "¿Soy lo suficientemente bueno?" "¿Tengo lo que se necesita para ser admirado como él o ella?" "¿Seré alguna vez tan atractiva?"

Estos pensamientos pueden acumularse y perder el control hasta que la baja autoestima tome el control de sus pensamientos. La mayoría de las veces, la comparación constante también puede llevar a un leve odio hacia la persona con la que se está comparando. Existe una alta posibilidad de que los veas como la razón de tu infelicidad, incluso cuando ésta es una acusación totalmente injusta. Y no hay manera de que puedas tener una relación saludable con alguien con quien te sientas así. Cada vez que los ves, algo se mueve dentro de ti. Su mente comienza a actuar de manera anormal.

Está en su propio viaje en la vida, y solo usted puede entender sus luchas. Esta es la razón por la que manejamos el tema de los valores fundamentales. Una persona que ha descubierto sus verdaderos valores fundamentales no puede ser afectada por comparaciones con otros porque ya tiene un enfoque. Los viajes de otras personas no les afectan.

No me malinterpreten, de vez en cuando las comparaciones pueden tener un giro positivo, y eso es algo que deben tener en cuenta. Use comparaciones para motivarse y trabaje más duro para ser una mejor persona. Las comparaciones pueden ayudarle a identificar los lugares de su vida que necesitan ser trabajados y mejorados. Pero cuando empiece a notar sus excesos, y tome un giro negativo, bájalo un poco. El esfuerzo mental involucrado en las comparaciones puede agotarlo. Nunca permita que crezca fuera de su control. Estos consejos pueden ayudarle a combatir la comparación:

- Acéptese a sí mismo

Ustedes son perfectos tal como son, no porque sean realmente perfectos, sino porque eligen creer que son perfectos. No puedes cambiar nada de ti mismo a menos que tengas cientos de dólares guardados en algún lugar para gastar en cirugía plástica. Buena suerte con eso y solo rezo para que no salgas con un aspecto más desordenado que antes.

En vez de luchar para cambiar quién eres, puedes hacer un trabajo rápido de aceptarte a ti mismo. Ninguna comparación o preocupación cambiará su identidad. La mayoría de las personas son más receptivas a las personas que se han aceptado a sí mismas por lo que son. La autoaceptación es la auto liberación y el auto empoderamiento.

- Mejorar lo que hay que mejorar

Cambia las cosas sobre ti mismo que pueden ser cambiadas. ¿Se siente inseguro acerca de su apariencia? Trabaja en tu vestuario o en tu peinado. ¿Has notado que más gente se siente atraída por alguien que sonríe? Luego trate de tener expresiones faciales más suaves. A veces, no importa cuánto lo intentes, es posible que nunca seas capaz de igualar a las personas con las que admiras y con las que te comparas. No te preocupes. Simplemente encuentre algo que lo haga excepcional y trabaja en ello. Sus valores fundamentales y las prioridades de su vida deben ser el factor principal para ayudarle a definir su vida. A veces nos atraen las cualidades de otros que no necesitamos. Tiene las piernas más largas. Entonces qué, ¿estás tratando de convertirte en un saltador de longitud? Eres escritor, así que las piernas más largas no deberían importarte. Concéntrese en sus puntos fuertes, en las cosas que lo hacen único. Alguien ahí fuera que ni siquiera conoces piensa que eres increíble gracias a ellos.

- Practique la gratitud

Hablé de esto en el capítulo tres, pero sigue siendo un consejo importante. Puedes olvidarte de sentir gratitud cuando te concentras demasiado en lo que tiene otra persona. Comienzas a ignorar las cosas hermosas que la vida te ha traído a tu camino, simplemente porque te estás perdiendo de otras pequeñas cosas.

La gratitud se trata de comprometerse con el lado positivo. Es un compromiso para crear alegría incluso cuando se siente que no hay ninguna. Hay cosas buenas en tu vida y nunca deben ser ignoradas. Concéntrese en ellos durante al menos tres a cinco minutos todos los días antes de acostarse o después de levantarse. Te aconsejo que hagas de la gratitud parte de tu rutina matutina, ya que es una gran manera de empezar el día, pero si tienes las mañanas ocupadas, una rutina de gratitud nocturna también funciona muy bien. Tómese un momento para pensar en lo bendecido que está. Puede ser sorprendentemente liberador.

2. **LIBÉRESE DE SU PASADO**

Llevar las cargas del pasado es una forma de evitar ver la luz en sus relaciones y en su vida en general. Usted puede haber estado en algunas relaciones tóxicas antes de ahora, pero hay un tiempo para dejar ir estos sentimientos persistentes. Es natural que la mente siga repitiendo escenarios y duela una y otra vez. Sin embargo, este proceso no debe tomar ninguna parte de nuestras vidas. Tener estos recuerdos una y otra vez puede crear pozos de ira, culpa y vergüenza. Estos pensamientos te mantienen atascado en el pasado, drenan la positividad en el presente y roban tu futuro. No solo desordenas tus emociones, sino que también aprisionas tu mente y obstaculizas su productividad.

Es difícil dejar ir el dolor del pasado, pero todavía se puede hacer. Mucha gente lo ha conseguido. Usted también puede. Los beneficios de dejar ir son enormes. No solo tendrás más positividad porque creas positividad, sino que también verás cosas más positivas en tu vida. ¿Por qué? Porque somos un imán para las circunstancias de nuestra vida. Exuda positividad y atraerá positividad. Entonces, paso uno, deja ir tu pasado. Pruebe los siguientes consejos:

a. **Haga resoluciones y apéguese a ellas**

La gente recibe una extraña cantidad de consuelo al regodearse en el dolor, pero siempre debemos resistir este impulso. No se resuelve nada. A veces las personas que sientes que han sido lastimadas no tienen idea de que alguna vez lo hicieron. Tome medidas y encuentre maneras de resolver cualquier problema que considere que necesita ser resuelto. Dedique tiempo para comunicarse con la persona y aclarar las cosas. No importa cuán fresco sea el dolor, debería tratar de hablar de las cosas en vez de soportar una carga inútil y obstruir tu mente.

No entre en el proceso de reconciliación con un corazón amargo. Esto solo dificultará el proceso de diálogo. La comunicación sana es primordial para que usted alcance una solución sensata; si no, su discusión puede ser hostil. La mayor parte del proceso implicará escuchar las quejas de la otra parte y comprender cómo se lastima. Habrá disculpas y un llamado al perdón, y luego una resolución final.

Mantenga una mente abierta mientras discute y resuelve los problemas. Cuando te concentras en tu dolor, tu perspectiva comienza a sentirse como el único ángulo verdadero, pero esto no es cierto en absoluto. Sea flexible y vea las cosas desde la perspectiva de otra persona. Ponte en el lugar de los demás. Hágase preguntas, tales como:

- ¿Qué hizo exactamente que esta persona se enojara y dijera lo que dijo?
- ¿Qué acciones o palabras suyas fueron malinterpretadas y tomadas de la manera equivocada?
- ¿Hay alguna posibilidad de que hayas interpretado mal la situación?

Sea lo suficientemente flexible para desafiar su propio punto de vista. La rigidez no te ayuda en tu empatía, solo se aferra a sus propias creencias, incluso cuando son incorrectas y poco útiles. Comprometer tu postura por el bien de tus amistades.

b. El perdón

Puede que nunca pidan perdón, pero perdonen de todos modos. Esto es por tu bien también, no solo por el de la otra persona. Cuantas más personas prometas no perdonar, más archivos y pestañas se abrirán en el navegador de tu mente. Imagina lo lento que sería tu ordenador si estuviera invertido en tantas cosas innecesarias como tu mente. ¡Es hora de cerrar algunas etapas! Aferrarse a toda esa basura solo te hace sufrir. ¡Libérate ahora!

Perdonar no significa que estás haciendo el tonto y permitiendo que alguien entre en tu vida y te lastime nuevamente. Perdonar es dejar ir todo el resentimiento y la ira para que ya no tengas veneno. El perdón es difícil de dar cuando la otra parte aún no se ha responsabilizado por sus acciones. Comprenda que están en un nivel inferior de comprensión y que no hay necesidad de inclinarse tan bajo o actuar en su nivel.

CAPÍTULO SEIS – ORGANIZACIÓN AVANZADA EN SU HOGAR

Ahora es el momento de que pongas en práctica todas tus nuevas habilidades de la organización. En este capítulo, repasaremos las distintas habitaciones del hogar. Le daré algunos consejos sobre cómo deshacerse del exceso en estas habitaciones y derrotar el desorden al instante. Comience desde la habitación que le resulte más cómoda o la habitación con más desorden. Es tu decisión. Solo asegúrese de que realmente comienzas el proceso y te mantienes al día con él. No tiene que seguir el orden exacto que voy a detallar aquí. En este punto, los principios decadentes que estudiamos en el capítulo tres serán muy importantes. Utilícelos para guiarle a través del proceso de despeje de cada habitación. Los consejos en este capítulo serán solo los básicos.

Una guía de limpieza de habitación por habitación

1.   SALA DE ESTAR
Primero, visualice su sala de estar como usted quiera. Identifique los muebles que desea conservar y los que va a dejar. Descubra todas las cosas que deberían estar en los estantes y en los espacios de la superficie.

Luego, empiece a deshacerse de todas esas cosas que le impedirán a su sala de estar ser la sala de estar perfecta. Purgar los artículos innecesarios un día a la vez hará un impacto dramático y transformará su sala de estar en cuestión de días. Considere los valores que cada elemento aporta al ambiente general de la sala de estar. Hágase preguntas sobre cada artículo. ¿Los objetos decorativos realmente proporcionan la alegría y la satisfacción que se han atribuido a su presencia? ¿Se han vuelto demasiado viejos y anticuados? ¿Están un poco desgastados? Y lo más importante, ¿te gustan o son regalos que te *tienen que* gustar?

Envía todo a su espacio. Averigüe las áreas para almacenar sus DVD, juegos y computadoras. Asegúrese de que todos los demás objetos de la sala de estar se mantengan en su área apropiada. Todas las superficies deben permanecer despejadas, y no se deben encontrar objetos perdidos en superficies que no les pertenezcan. Las superficies en cuestión incluyen mesas de centro, mesas auxiliares y escritorios. El suelo de la sala de estar también debe estar ordenado.

Establecer un límite para el número de muebles y materiales decorativos que existirán en el salón en un momento dado. Limite las cosas que se recogen en la sala de estar. Muestre menos artículos para que la atención no se divida y el desorden no comience a formarse de nuevo. Este es el espacio en el que recibirás a los invitados, así que ten en cuenta la impresión que tu salón está dejando en las personas que te visitan.

2. **DORMITORIO**

El dormitorio es una de las partes más desordenadas de la hogar. Como es una de las habitaciones más privadas de la hogar, pensamos que podemos hacer cualquier cosa aquí y no importará. Sí que importa. Tal vez no para tus invitados, pero está afectando tu capacidad de descansar en esta habitación.

Antes de comenzar a decaer, tómese un momento para imaginarse cómo quiere que se vea su dormitorio después del proceso de desorden. ¿Qué tipo de habitación imaginas? Comienza a quitar todas las cosas que crean desorden.

Usted debe seleccionar los artículos que desea conservar, donar o tirar a la basura. Usted se encontrará con artículos que deben ser llevados de la habitación a otra habitación donde servirán para propósitos más importantes. Clasificarlos en su propio montón y sacarlos más tarde, para organizarlos en su nueva hogar.

Dividir el dormitorio en zonas es muy fácil. Habrá un espacio para dormir, vestirse y, para algunos, trabajar. Ordene las cosas de la sala en sus diferentes espacios y organícelas de forma ordenada. Mantenga las cosas que necesitará más a menudo cerca de usted, en algún lugar de su mesita de noche.

Trate con las superficies y planifique los artículos que se deben encontrar en ellas todos los días. La cama es la superficie más importante de la habitación y es necesaria para su bienestar. Siempre debe mantenerse lo más claro, limpio y organizado posible. Elimine todo el desorden que se está formando en su cama. También debe organizar su guardarropa para que sea más fácil manipular su ropa y evitar que llegue a la cama.

3. **COCINA**

La cocina es el motor de la hogar. Si está en desorden, todos en la hogar lo sienten. Faltarán cubiertos, cerámicas rotas, obleas de polvo debajo de los gabinetes y plagas en cada esquina. Debido a que los productos perecederos y los alimentos se mantienen en esta habitación, usted debe mantener este espacio limpio. De lo contrario, puede empezar a atraer a pequeños huéspedes no deseados, en forma de roedores o cucarachas. Debido a su importancia, la cocina está llena de muchos electrodomésticos y otras herramientas. Una vez que los objetos en esta habitación se convierten en un desorden, la funcionalidad de este espacio se ve socavada.

La belleza de cada cocina está en su amplitud y en la disponibilidad de encimeras claras. Eso es lo que hace que sea deseable cocinar aquí. Piense en lo hermoso que será tener sus gabinetes y estantes organizados de la manera más acogedora.

Lo primero que debe hacer es vaciar cada gabinete o estante en la cocina. Incluso si está seguro de que devolverá un artículo a este espacio, retírelo. Es posible que no sepa cuánto espacio ocupa solo por estar en ese lugar. Además, quitar todo brinda la oportunidad de limpiar el gabinete.

Clasifique los artículos y encuentre los que deben guardarse, donarse o tirarse a la basura. ¿Cuándo fue la última vez que usó un aparato en particular? ¿Aún está funcionando? Con cada artículo que elija, hágase estas preguntas importantes que le ayudarán a llegar a una conclusión sobre el futuro de cada artículo.

Si nunca ha categorizado los artículos en su cocina, debe hacerlo ahora. Divídalos en grupos como artículos para hornear, herramientas de corte, electrodomésticos y tazas. Encuentra todos los excesos y colócalos en la caja de donaciones.

Consejos para deshacerse del desorden sentimental

Algunos objetos sentimentales merecen ser guardados. Como el abrigo de piel de un pariente fallecido o una preciada antigüedad, pero afrontémoslo, hay algunas cosas sentimentales que necesitan desaparecer. ¿Realmente necesita las viejas guitarras de su exnovio? ¿O las tazas viejas e increíblemente feas de su madre (sin importar cuán fallecida esté)? Probablemente no. Incluso si usted sabe que no los quiere o no los necesita, puede ser difícil deshacerse de ellos. Tenga en cuenta estos consejos:

- **Elimine toda culpa**

A veces no tiramos objetos sentimentales porque nos sentimos culpables. Piensa de dónde proviene esta culpa. ¿Es el objeto en cuestión algo que una vez perteneció a un pariente antiguo? ¿Te sientes mal porque es como si estuvieras tirando un pedazo de ellos? Corta este pensamiento de raíz. Las personas no son sus posesiones. Lo más probable es que usted tenga algo más de ellos que es mucho más útil y que no crea tanto desorden. No estás haciendo daño a nadie aquí, así que no te sientas culpable.

- **Enfóquese en un aspecto diferente de la memoria**

Otra razón por la que mantenemos las cosas sentimentales es porque están apegadas a un cierto recuerdo. Esto tiene mucho sentido. Por suerte para usted, no tiene que tirar el recuerdo si tira el objeto. Si va a tirar un elemento conectado a una memoria, considere escribir un asiento de diario sobre la memoria en su lugar. Inmortalízalo de esa manera. O mira las fotos antiguas de este recuerdo. Digamos que se está aferrando a las tazas feas de su madre porque solía beber su café favorito de ella. Bueno, espere un segundo, también vive en la casa donde su madre solía tomar su café favorito en sus feas tazas. Ver la cocina como la conexión a este recuerdo en su lugar.

- **Dáselo a otra persona**

Si usted conoce a alguien más que podría querer este artículo, considere dárselo. De esta manera, no tiene que ver el objeto en la basura. Alguien por ahí todavía lo tiene y aún lo aprecia. Y si el objeto es algo que pertenece a otra persona en primer lugar (como un exnovio), ¡entonces devuélvelo! No sirve de nada aferrarse.

La mejor manera de decorar y diseñar un hogar minimalista

Al decorar su hogar minimalista, debe tener en cuenta tres factores importantes:

a. Calidad
b. Espaciosidad
c. Superficies claras

Estos factores son más importantes que la belleza subjetiva de sus artículos decorativos. Al tener en cuenta estos factores, casi cualquier elemento decorativo puede parecer atractivo. Use estos consejos para empezar:

1.   Elija colores neutros

Los disturbios de color a veces pueden aparecer como un desorden. Trate de mantener sus combinaciones de colores tan simples y neutrales como sea posible. Busque colores que inspiren una sensación de calma, sea lo que sea que signifique para usted. Puede que no sea del mismo color para todos, pero rara vez es brillante o de color neón. Esto no significa que no puedas experimentar con los colores y ser creativo; solo significa que primero debes estudiar los colores que deseas, pensar en cómo te afectan esos colores y averiguar si funcionan bien juntos. Pregúntese si la combinación es fácil para los ojos. Recuerda, este es tu espacio privado de descanso. Es absolutamente vital que pueda relajarse aquí.

2. **Calidad sobre cantidad**

Usted debe considerar cada pieza cuidadosamente antes de dejarla entrar a su hogar. Trabaje con pocos objetos mientras decora su hogar, pero asegúrese de que cada objeto sea de una calidad razonable o alta. Su objetivo es crear un espacio cómodo en el que cualquiera se sienta cómodo. Elija diseños bien hechos y construidos para durar. Ya que usted usará mucho estos objetos, es importante que sobrevivan a más de unos pocos usos.

3. **Traer a la naturaleza**

Las flores y el verdor añadirán un hermoso toque de naturaleza a su salón y cocina. Los colores de las flores u otras plantas también se añadirán al esquema de color general de su hogar. Téngalo en cuenta a la hora de elegir sus piezas naturales. Lo maravilloso de las plantas es que aportan tanta belleza y duran tanto tiempo como usted pueda cuidarlas. ¡Esperemos que sea mucho tiempo! Sé bueno con tus plantas.

4. **Accesorios interesantes**

Los accesorios de una habitación pueden cambiar todo el aspecto de la habitación. Un accesorio en este sentido es cualquier cosa que se añade a una habitación para darle un valor estético. Agregue uno o dos accesorios o decoraciones bien seleccionados, como arte mural, espejos, velas, marcos y alfombras. Trabaje con variedades, pero trate de mantener el equilibrio mientras trabaje en su espacio.

5. **Manténgalo simple**

La belleza del minimalismo está en su simplicidad. Adopte el enfoque de "menos es más" en su decoración interior. Continúe teniendo en cuenta el espacio mientras trabaja. Su espacio no tiene por qué ser aburrido. De hecho, las decoraciones minimalistas cuando se hacen bien pueden ser mucho más hermosas que las hordas de decoraciones que te miran desde cada esquina. Solo hay que dar un paso a la vez y asegurarse de estar totalmente comprometido con la estética minimalista.

CAPÍTULO SIETE – DESORDEN DIGITAL

Desde que el mundo se digitalizó, nuestras vidas se han vuelto más cómodas, nos hemos vuelto más productivos y la difusión de la información es ahora más rápida. Pero hay un inconveniente: también nos hemos obsesionado con la electrónica y los dispositivos digitales. La devoción que mostramos a estos pequeños aparatos ha llegado a una etapa alarmante. Las cosas que fueron producidas para que las controlemos ahora se han convertido gradualmente en nuestros amos.

He aquí una imagen rápida: horas en medios sociales, cientos de correos electrónicos no leídos en nuestras bandejas de entrada, un escritorio repleto de carpetas y archivos, dispositivos de almacenamiento llenos de cientos o incluso miles de fotos, música y vídeos. Es abrumador, por decir lo menos. Nunca lo supimos hasta que el desorden digital se convirtió en un tema importante.

Dado que pasamos la mayor parte de nuestro tiempo en el mundo digital, ¿no tiene sentido mantener también nuestras vidas digitales declinadas? ¿No tiene sentido mantener nuestros dispositivos, que hacen nuestras vidas mucho más fáciles, funcionando tan bien como sea posible? ¿Qué cantidad de cosas (documentos, archivos y carpetas) guardadas en su espacio digital necesita realmente? ¿Cuándo fue la última vez que limpió su teléfono o computadora?

Aparte del desorden en nuestros dispositivos digitales, también hay desorden que puede formarse por nuestra dependencia excesiva de estos dispositivos. Pasamos horas conectados a estos aparatos que ahora definen nuestros momentos felices y tristes. Apague su computadora o teléfono y haga algo más exigente física o mentalmente. Aunque trabajes desde un portátil la mayor parte del tiempo, dedica al menos una hora al día a hacer algo diferente, como leer un libro, dar un paseo, hablar con otro ser humano o incluso hablar contigo mismo. Vive en el mundo real, no solo en el mundo digital.

Los principios del minimalismo digital

- **Sus dispositivos deberían hacer su vida más fácil, no más difícil.**

Es por eso por lo que fueron inventados en primer lugar, después de todo. Nuestro teléfono y nuestra computadora deberían estar ayudando a que nuestras vidas funcionen mejor, con mayor facilidad. Deberían ayudarnos a superar los obstáculos, no a crear más. No está viviendo según este principio si encuentra que gran parte de su tiempo es ocupado por su dispositivo. Considere si el tiempo que pasa en su dispositivo es más que el tiempo ahorrado a través de sus funciones funcionales.

- **El uso de su dispositivo debe ser intencional, no adictivo.**

¿Con qué frecuencia coge el teléfono por hábito y ansiedad, y no porque quiera llevar a cabo una acción específica? Hay una diferencia entre abrir el dispositivo para enviar un correo electrónico y abrir el dispositivo porque necesitas hacer algo, cualquier cosa, con las manos. Intenta usar tu dispositivo solo si hay algo muy específico para lo que lo necesite.

- **Siempre priorice a las personas antes que a las máquinas.**

Este debería ser un hecho, pero no lo es, para tanta gente. Siempre pensamos que nos estamos conectando con la gente porque estamos hablando con ellos en Internet; Si bien eso es cierto a veces, también tendemos a ignorar a las personas que están frente a nosotros para hacer esto. ¿Su adicción a su teléfono se interpone en el camino de sus interacciones cotidianas? ¿Cuántas veces te encuentras desplazándote mientras estás en compañía de alguien que intenta hablar contigo? Nunca deje que sus máquinas se hagan cargo.

Consejos importantes para vencer el desorden digital

1.   **E-mails**: Una bandeja de entrada desordenada es suficiente para abrumarte, cuando todo lo que intentas hacer es revisar tus últimos mensajes. El problema se agrava cuando tiene varios correos electrónicos para diferentes propósitos. Si ese es el caso, entonces tome un correo electrónico a la vez.

Primero, revise las diferentes categorías (su bandeja de entrada, bandeja de salida, borradores, correo enviado, etc.) y elimine todo lo que no necesite. Es un trabajo tedioso, pero vale la pena. Encontrará correo que ha estado allí durante años y correo al que respondió hace mucho tiempo. Trabaja en tus listas de contactos. ¿Qué servicios le envían la mayoría de los correos electrónicos y por qué? ¿Encuentras los correos electrónicos útiles de alguna manera o simplemente te llevan a comprar cosas que no necesitas? Si esto aumenta el desorden, entonces no se suscriba, bloquee o elimine.

Adopte el nuevo hábito de revisar su correo una vez por la mañana y una vez por la noche, en lugar de hacerlo a intervalos aleatorios. De esta manera, el desorden digital no se acumula. Limpie su bandeja de entrada de correos electrónicos innecesarios todos los días para que el desorden no comience a acumularse nuevamente. Cada semana, revise sus correos electrónicos enviados y elimine los que necesitan ser eliminados. Cultive estos hábitos y prácticas, y asegúrese de no volver a los viejos hábitos de ignorar el desorden digital en su correo electrónico.

2.   **Redes sociales:** el desorden en las redes sociales puede manifestarse de varias maneras. Primero, hay una acumulación de amigos y personas innecesarias en su lista de 'seguidores'. A veces te conectas y ves publicaciones de personas que apenas recuerdas cómo las conociste. A veces puede sentir este manto de culpa sobre usted cuando desempaña o elimina algunos contactos, pero no hay una buena razón para esto. Este es un hábito saludable para su vida digital. No es necesario mantenerse en contacto con alguien que apenas conoce,

especialmente si lo que publica es molesto o irrelevante para su vida. Bórralos y no te sientas mal,

Limpiar sus cuentas de medios sociales en varias plataformas le ayudará a establecer sus prioridades y le proporcionará información relevante, imágenes y actualizaciones de estado que realmente le interesan. Su mente también se beneficia de esto porque tendrá menos desorden visual con el que lidiar, y puede enfocarse en lo que a usted le gusta.

El mismo método se puede aplicar en todas las plataformas de medios sociales. Agilice todas sus suscripciones y siga las páginas necesarias. Conecte sus cuentas entre plataformas para que su experiencia en Internet fluya con facilidad.

Por último, no se deje consumir por los medios sociales. Estas plataformas, incluso con todos sus numerosos beneficios, consumen su tiempo. No pase más de diez minutos a la vez en cada plataforma. Haga lo que ha venido a hacer y retírese. Solo se le permite pasar más tiempo de lo normal si está dirigiendo un grupo de apoyo en Twitter o si está ganando dinero con la publicación de anuncios en Facebook. Si no le beneficia emocional, mental o financieramente, entonces no tiene por qué pasar más de una hora al día revisando una aplicación.

3. SU COMPUTADORA O LAPTOP

La mayoría de los sistemas informáticos son depósitos de chatarra digital. ¿El tuyo es uno de esos? Solo usted puede responder. El proceso de decodificación comienza con la limpieza de su escritorio. Piense en su escritorio como su estacionamiento o su entrada. Es una introducción a su hogar digital. De hecho, simplemente mirando el nivel de organización en algunos escritorios, puedo decir cuán organizados están los propietarios. Hay muchos iconos de escritorio que no se utilizan. Eliminarlos: accesos directos, carpetas y archivos. Si hay documentos que aún cree que serán importantes para usted en el futuro, tiene la opción de hacer una copia de seguridad en el almacenamiento en nube. Pero tenga cuidado, para que su almacenamiento en la nube no se vea afectado por la transferencia de desorden. Solo haga una copia de seguridad de los archivos que definitivamente necesitará en el futuro.

Mantenga todos los iconos dispuestos en el lado izquierdo del escritorio y asegúrese de que no ocupen más de tres filas a la vez. Si hay archivos que se reabren ocasionalmente, colóquelos en una carpeta y nómbrelos. Ordene todo en su escritorio por categoría.

A continuación, desinstale los programas que no utilice con frecuencia. Libere espacio en su disco duro para que su sistema pueda funcionar sin problemas. Asegúrese de que cada una de las aplicaciones instaladas en su sistema sea una que se utilice con frecuencia, y no solo que ocupe espacio sin motivo alguno.

Enfóquese en categorizar sus documentos en carpetas relevantes para que sea más fácil encontrar cada uno de ellos cuando sea necesario. Necesitará concentración para este y quizás un bolígrafo y un libro para anotar el nombre de cada nueva carpeta y los archivos que contiene. Con sus documentos ordenadamente organizados en su computadora, será más fácil para usted navegar a través de su sistema. El objetivo es revisar cada carpeta y deshacerse del exceso de documentos innecesarios.

Mantenga el estado despejado de su equipo eliminando constantemente los archivos innecesarios que no necesite. Conviértase en un gatekeeper y realice un seguimiento de todos los archivos descargados. Manténgalos organizados en la carpeta de descargas para que puedan ser borrados fácilmente cuando llegue el momento.

CAPITULO OCHO - PERFECCIONANDO LA EXPERIENCIA DEL MINIMALISMO

El minimalismo no es solo un estilo de vida; es una experiencia. Todo lo que hacemos contribuye al viaje en general. Estas son las experiencias que usted debe buscar, las experiencias que usted debe gastar su dinero cuando no está gastando en cosas inútiles. Las posesiones y la propiedad gratifican el cuerpo mientras que las experiencias dignas deleitan el alma y la mente. El alimento del alma y de la mente es importante para el bienestar del cuerpo. Es por eso por lo que es imposible sentirse atraído por una persona loca, no importa cuán hermosos sean sus cuerpos.

Abastecer nuestras vidas y hogares con los últimos gadgets parece satisfactorio porque le proporciona la emoción de una nueva compra, pero esto solo dura un corto período de tiempo. La emoción se apaga, y te quedas en el mismo lugar en el que te encontraste una vez: buscando otro objeto que te dé la misma emoción. El ciclo continúa y nunca estás más satisfecho de lo que estabas antes. Hay mejores maneras de gastar su dinero.

Por qué necesitamos más experiencias que cosas materiales

El dinero gastado en la experiencia es dinero gastado en nutrir el alma. La alegría de las experiencias dura más que la alegría fugaz de comprar cosas. Esta es la razón:

   a. **Las experiencias ayudan a solidificar sus propios propósitos y pasiones.**

Todo lo que usted hace y en lo que gasta su dinero debe influir en tu futuro e impulsarlo hacia su propósito y sus pasiones en la vida; las posesiones materiales rara vez te obligan a hacerlo. Si está obsesionado con el montañismo, poseer cien libros sobre el tema o una docena de trajes de montañismo nunca puede equipararse a una expedición de montañismo. Las posesiones materiales solo alimentarán su imaginación con respecto a la experiencia, pero la experiencia es lo que realmente alimenta su alma y lo satisface. Esta es la razón por la que la gente va en viajes de carretera para ver el país por sí mismos, no a través de fotos. Es por eso por lo que la gente va a los festivales de música; para ver a sus artistas favoritos actuar en persona y no solo escuchar la misma vieja grabación.

b. Las experiencias compartidas pueden fomentar las relaciones

Una experiencia compartida es una parte de lo que compartes. Es tan simple como eso. Es un vínculo que permanece mientras ambas partes estén vivas. ¿Alguna vez se ha visto a si mismo sonriendo porque le ha venido a la mente el recuerdo de una experiencia compartida? Es una sensación maravillosa, ¿verdad? Las experiencias compartidas con la gente las hicieron más cercanas a usted. Piense en todas las amistades cercanas que tiene y trate de averiguar qué es lo que hace que la amistad sea fuerte. Las posibilidades de que esas amistades florezcan con el tiempo son altas gracias a una experiencia compartida poderosa o a una serie de experiencias compartidas. Una vez que te encuentras con gente con la que has compartido sus experiencias, nunca hay un momento aburrido. Hay muchos recuerdos compartidos entre las dos partes, y las conversaciones pueden durar horas.

c. Las experiencias te presentan cosas nuevas

Una vida sin nuevas experiencias es una vida aburrida desprovista de aprendizaje y expansión de la mente Las experiencias pueden enseñarte la importancia de la vida y la amistad, y pueden darte una nueva perspectiva del mundo. Todos los que alguna vez han experimentado un cambio real y transformador lo han hecho gracias a una experiencia singular. Cada día la gente está descubriendo su propósito en la vida debido a las experiencias, algo que nunca habrían sabido si hubieran perseguido las posesiones en su lugar.

d. **Las experiencias de antojo eliminarán las preocupaciones asociadas con la compra de cosas**

En un capítulo anterior, establecimos el grado de ansiedad y preocupación que conlleva la compra de cosas nuevas. ¿Y si me robaron? ¿Y si me roban? ¿Y si este iPhone que compré por $999 de repente cae en un cubo de agua? Los "qué pasaría si" son numerosos y te vuelven paranoico. Se necesita tanta energía mental que te estresas. Eso no quiere decir que nunca debas comprar cosas nuevas y consentirte de vez en cuando, pero buscar experiencias reducirá en gran medida estas preocupaciones. Una vez que haya ahorrado algo de dinero y haya preparado sus suministros, puede hacer planes y seguir cualquier experiencia sin preocupaciones. Esa experiencia nunca le será quitada. Una vez que la obtienes, es suya para siempre, a diferencia de todas sus posesiones materiales.

Experiencias que son mejores que cualquier objeto material que pueda comprar

1. **Viajes**

¿Cuánto tiempo ha permanecido en la ciudad o pueblo donde vive actualmente? Muchas personas se sienten cómodas permaneciendo en un mismo lugar durante más de una década sin cruzar las fronteras. El hecho de que su lugar de culto, un centro comercial, una escuela, una biblioteca y posiblemente un cine estén disponibles en su lugar de residencia no significa que no haya ninguna razón para aventurarse a salir. Los medios sociales han empeorado esta situación ya que puedes quedarte en tu habitación y sentirte como si hubieras viajado por todo el mundo a través de Internet. Pero hay más en el mundo que la ciudad en la que vives. Salga y compruébelo usted mismo. No dependa de las fotos.

El sentimiento de estar en un país diferente, experimentar su cultura y aprender sus historias no tiene paralelo. Usted puede comer su cocina local y aprender un nuevo idioma. Incluso puede viajar a la siguiente ciudad y tomar fotos de hermosas vistas en su camino hacia allí. Visite a un familiar y pase la noche con ellos. Guarda los recuerdos de tus viajes y expande tu mente. No es necesario viajar lejos, solo viajar a alguna parte.

2. Festivales

Los festivales traen gente apasionada y entusiasmada de todas partes para compartir una experiencia. Ir a festivales con tus amigos es una gran manera de vincularse y conocer gente nueva. Aunque te pierdas y te vayas al otro lado del recinto del festival, siempre hay una nueva experiencia esperándote. La mayoría de las personas que van a los festivales son personas que comparten las mismas pasiones que tú y conocerlas encenderá tu pasión con llamas aún más brillantes.

Los festivales están llenos de cultura, vida, música, arte y gente. Siempre hay algo que lo cautiva, sin importar cuáles sean tus intereses. Los festivales son eventos en los que puedes ser usted mismo y expresar su individualidad, sin importar lo raro que sea. Hay tantos tipos de festivales que puede disfrutar. Los festivales de música son, con mucho, los más comunes, pero también hay festivales literarios y culturales. ¡Pruébalas todas!

3. Una escapada de fin de semana con amigos

Usted puede planearlo. Todo lo que tiene que hacer es elegir un lugar y viajar allí con tus amigos. Lo principal aquí no es el destino, sino el viaje en sí. Llegar a su destino también será divertido, pero no hay nada como reunirse con amigos y la risa que compartes en el camino. Ni siquiera tiene que pasar la noche, dondequiera que esté viajando. Puede ir allí por la mañana, pasar algún tiempo y estar de vuelta a la hora de la cena.

Por ejemplo, si tiene amigos entusiastas del arte, puede planear ir a un museo o a una exposición de arte. Disfrute su experiencia permitiéndole participar plenamente en el programa que tiene previsto. O puede ir de excursión con sus amigos e incluso acampar en el bosque, si usted prefiere el aire libre.

La belleza de realizar tales viajes es la incertidumbre que le espera. Nunca se sabe con quién o qué se encontrará, el humor que encontrará o las historias que se compartirán y crearán. Estas son las experiencias de las cuales la vida realmente está hecha. Un día, cuando recuerdes tu vida, esto es lo que recordarás

4. Aprende algo nuevo y emocionante

El proceso de introducir su mente a algo nuevo mejorará la calidad de su vida y refinará su mente. Sus niveles de confianza aumentarán una vez que tenga éxito con su proceso de aprendizaje. A medida que envejecemos, nuestras mentes se debilitan porque ya no nos acercamos a nuevas actividades o desafíos con el mismo entusiasmo de nuestros años de juventud. Esto se debe a que nos sentimos más cansados y menos motivados, no porque seamos menos capaces. La mente siempre está en busca de cosas nuevas en las que profundizar. Si sigues alimentándolo con la rutina o con la misma información de siempre que ya conoces, se debilita cada vez más y pierde su capacidad de estirarse hacia afuera.

También es increíblemente divertido aprender cosas nuevas. No lo vea como una actividad en la que usted es "malo", sino como una actividad de la que puede aprender, que puede mostrar un lado completamente nuevo del mundo. Tantas posibilidades se abren cuando decide agarrar el toro por los cuernos y aprender algo emocionante. El proceso de descubrimiento está lleno de mucha emoción. También puede ser inesperadamente gratificante; puede descubrir que sus nuevas habilidades abren puertas a una promoción o una nueva vocación por completo.

Las experiencias que hacen de los regalos mucho mejores que las "cosas"

Estamos tan apegados a la expectativa de aparecer con un objeto material en la mano, envuelto y atado con cinta, listo para ser abierto. El mundo nos ha dado la idea de que esto es lo que tenemos que hacer para celebrar a alguien. Necesitamos una representación física de nuestra alegría, nuestro espíritu de celebración. Es hora de cambiar este enfoque. Hay muchas experiencias que podemos regalar a nuestros seres queridos que son mucho más divertidas o especiales que un objeto material. Puede que incluso les guste mucho más. Piense en el desorden en su hogar, ese montón de cosas que consisten en malos regalos que no puede tirar. ¡No lo agregue a la pila de desorden de otra persona! Considere regalar estas experiencias:

1. Clases de cocina

Las clases de cocina no solo te enseñan habilidades valiosas, ¡también son increíblemente divertidas! ¿Cocinar sin tener que limpiar después? ¡Sí, por favor! Hay clases que enseñan una variedad de cocinas diferentes. Para algo divertido, hornear postres siempre es una buena opción. Busque en línea para encontrar clases en su área.

2. Un Día de Spa o Masaje en Hogar

¿Por qué comprarle a alguien una botella de loción o aceite con fragancia cuando puede comprarle la experiencia de alguien que realmente lo usa con ellos? Es un mejor regalo, si me lo preguntas. Compre una tarjeta de regalo para un spa local o haga arreglos para que una masajista vaya a su hogar. A todo el mundo le encanta sentirse mimado.

3. Una entrada para un concierto

Para quien sea que esté comprando un regalo definitivamente tiene un músico o artista favorito. Vea si este cantante o banda está de gira en su ciudad por unos días. Muchas veces las personas pierden esta oportunidad porque nunca piensan verificar si su artista favorito está de gira. Incluso si no son absolutamente favoritos, algo similar también será divertido.

4. Una tarjeta de regalo de restaurante

Muchos restaurantes fabulosos ofrecen tarjetas de regalo para este propósito exacto. Invite a alguien que conozca a una cena fantástica. Todos disfrutan de una comida fantástica, especialmente cuando no están pagando por ella. Este regalo no creará desorden y llenará sus estómagos.

5. Entradas para una obra teatral o musical

Lo maravilloso de este regalo es que todo el mundo disfruta del teatro, pero la gente rara vez se compra entradas. Sin embargo, una vez que estás allí, te dejas llevar por la fascinante experiencia que es. Siempre lo disfrutas más de lo que crees que lo harás. Regale a alguien esta experiencia porque seguro que la pasará muy bien.

6. Clases de Yoga

Muchos estudios o instructores de yoga ofrecen un número fijo de clases a un precio de descuento. Considere la posibilidad de tratar a alguien que usted conoce con yoga nutritivo para el cuerpo, especialmente si piensa que el ejercicio lo beneficiará. Cuando alguien nos compra un regalo, sentimos que tenemos que hacer un buen uso de él o lo harán mal. ¡Aproveche esto para algo que realmente beneficiará a su amigo o pariente!

7. Piedra Rosetta

Una de las mejores maneras de aprender un nuevo idioma es con el programa Rosetta Stone. Si usted sabe que su amigo o pariente tiene un fascinante con una cultura o país en particular, regálele la experiencia de aprender el idioma de ese lugar. La gente rara vez piensa en hacer esto, pero una vez que se les da la oportunidad, están agradecidos por ello.

8. Programas de membresía

Esto puede sonar confuso, pero eso es solo por lo mucho que hay para elegir. Cuando usted le regala a alguien un programa de membresía, está expandiendo su estilo de vida. Consígueles una membresía de gimnasio o museo. O quizás, un pase anual a su parque nacional o parque de atracciones favorito. La mayoría de estos lugares le permiten comprar un pase anual. Una cosa es segura: a todos les encantará este regalo.

9. Cuidados de niñera gratis

¿Conoces a alguien con hijos de los que necesitan desesperadamente un descanso? Ofrézcales sesiones gratuitas de cuidado de niños. Usted podría escribir esto en una tarjeta o en un pedazo de papel y hacer que parezca un boleto oficial. Comprométase a cualquier número de sesiones que usted crea que puede manejar, por ejemplo, dos o tres sesiones le ayudarán mucho, pero también evitarán que se sienta abrumado. Es un regalo poco convencional, pero cualquier padre cansado lo apreciará profundamente.

10. Una estadía de relajación

¡¿Por qué no?! Si conoce a alguien que necesita tomarse un tiempo para relajarse y sentirse mimado, pague por una noche en un hotel local. Idealmente, debería estar en un lugar cómodo y hermoso. Debería estar en un lugar donde disfruten más que en hogar. Cuando salimos de nuestro espacio, nos sentimos más relajados. Estoy seguro de que uno de tus amigos necesita esto. ¡Considere regalar una experiencia de relajación!

CONCLUSIÓN

¡Felicitaciones por terminar este libro! Sé que las ideas y la información que les he presentado les han inspirado a comenzar el proceso de desbarajuste de su hogar. El mensaje del minimalismo no se predica a menudo, pero debería serlo. ¿No estás de acuerdo? Vivimos en un mundo consumista, y algunas personas incluso desaprueban el minimalismo; no permitas que sus actitudes te influyan. Proteja su mentalidad minimalista a toda costa. No permita que las cosas que ha aprendido a lo largo de este libro se le olviden. Una vez que termine este libro, es posible que se encuentre con un anuncio que le diga que compre un nuevo producto ahora mismo. Antes de considerar hacer esta compra, recuerde que estas compañías realmente no se preocupan por usted. Solo quieren vender su producto, y le dirán lo que sea para que eso suceda. Usted es la vaca que están tratando de ordeñar.

El viaje del minimalismo nunca es fácil. Te encontrarás con gente que te detesta o incluso te desprecia por vivir bajo una filosofía diferente. Lo hacen por su propia ignorancia. Y hay poco que puedes hacer al respecto, especialmente cuando no están dispuestos a escucharte. Es algo natural. Nosotros, los humanos, siempre condenamos rápidamente las cosas que no entendemos. La gente sacará conclusiones precipitadas y sugerirá que no eres materialista simplemente porque no tienes éxito. Por supuesto, tú y yo sabemos que ese no es el caso. Por ahora, usted ha llegado a una comprensión completa de cómo nuestra calidad de vida no está determinada por cuánto poseemos. De hecho, el desorden y el exceso pueden obstaculizar nuestro progreso emocional, mental o profesional - las cosas reales que contribuyen a nuestra calidad de vida.

Como dije en los capítulos anteriores, encuentra a tu tribu, la gente que comparte tus metas minimalistas contigo. En los últimos años la conversación sobre el minimalismo y la decadencia ha aumentado exponencialmente. Únase a la conversación en los medios sociales y alimente su viaje. Necesitarás todo el aliento que puedas obtener. Ciertamente te encontrarás con gente que ha luchado con las cosas con las que estás luchando ahora. Ellos le ayudarán con cualquier pregunta que pueda tener, especialmente ahora que nuestro viaje en este libro ha llegado a su fin.

Los beneficios del minimalismo son numerosos, como he dicho antes: libertad del desorden, seguridad financiera y, sobre todo, tranquilidad. Esta libertad le permite perseguir experiencias con un significado más profundo y una mayor relevancia para sus objetivos. Se descubrirás a usted mismo por lo que realmente es y no por lo que posee. Su confianza verá un gran impulso porque ya no depende de sus posesiones y propiedades para determinar su valor.

Ahora depende de usted. Hemos pasado por todas las facetas más importantes del minimalismo: los principales hábitos, los principios, los procedimientos de decodificación, los consejos para reducir el decodificador mental, emocional y digital, y mucho más. Ahora depende de usted seguir practicando y construyendo tus grandes hábitos minimalistas hasta que te lleguen de forma natural. La disciplina y la consistencia son los factores más importantes en la práctica del minimalismo. Nunca lo suelte. Manténgase alerta de los monstruos del desorden y mátelos de hambre antes de que se conviertan en una gran amenaza. ¡Le deseo suerte en su viaje minimalista!

Estrategias de manejo del tiempo y efectivas

Consigue realizar las cosas en menos tiempo y desarrolla habitos productivos con tácticas probadas por expertos

Tabla de Contenidos

Introducción 103

Capítulo 1 - Dejar de perder el tiempo 107
La importancia de la gestión de tiempos 107
Señales de que está fallando en el manejo de su tiempo 109
Las razones por las que estás fracasando 115
7 grandes mitos sobre la gestión del tiempo 117

Capítulo 2 - Cómo hacer las cosas 101 120
Consejos esenciales para hacer las cosas 120
Reglas Esenciales para una Gestión de Tiempo Exitosa 122
5 Hacks de productividad menos conocidos que necesita saber 128

Capítulo 3 - Una guía para fijar metas 136
Todo sobre la Teoría de la Motivación para Fijar Metas 136
Principios para fijar metas 137
15 de los mejores consejos para establecer metas efectivas 144
8 razones comunes por las que las listas de tareas fallan 147

Capítulo 4 - Los secretos de la productividad 152
Cómo priorizar cuando todo es importante 152
La técnica para hacer que sus metas sean alcanzables 160
5 de los mayores asesinos de la productividad y cómo superarlos 164

Capítulo 5 - Lidiando con las distracciones **168**

La diferencia entre distracciones internas y externas *168*

Tipos de Distracciones Internas *170*

13 maneras de silenciar las distracciones internas *174*

6 maneras Confiables de Derrotar las Distracciones Externas *179*

Capítulo 6 - Emular el éxito **183**

Ejemplos de fijación de objetivos de los Business Masters *183*

13 inconvenientes de la gestión del tiempo de las personas de éxito *186*

10 rutinas Matutinas de Emprendedores Innovadores *190*

Capítulo 7 - Recuperar el control del futuro **194**

15 hábitos efectivos de gestión del tiempo *194*

Vencer al perfeccionismo de una vez por todas *199*

Herramientas y técnicas para recuperar el tiempo para siempre *203*

Conclusión **210**

INTRODUCCIÓN

El único recurso que no puede intercambiar, comprar o pedir prestado es el tiempo. Ni siquiera sigue una de las leyes fundamentales de la oferta y la demanda: la alta demanda hace que la oferta aumente y satisfaga la demanda. Aunque todos tenemos acceso a la misma cantidad de tiempo cada día -1,440 minutos- usamos nuestro tiempo de manera diferente.

Su éxito o fracaso en la vida depende principalmente de sus capacidades de gestión del tiempo. Para tener éxito, usted necesita invertir una cantidad significativa de tiempo para lograr su objetivo o mejorar sus debilidades. En ciertas temporadas, pasaba más tiempo que mis competidores para poder tener ventaja sobre ellos en el mercado. No asumí que era mentalmente superior a mis competidores; sólo dediqué tiempo de manera más efectiva para equilibrar el campo de juego.

Usted necesita balancear el tiempo que pasa en casa y el tiempo que pasa en el trabajo. Si no, tendrá éxito en uno y fracasará en el otro. No tema; este libro le mostrará cómo equilibrar su trabajo y su hogar de manera efectiva. Lo felicito por invertir en su vida y en su éxito leyendo este libro.

Si está leyendo esto, probablemente sea porque:

- Usted quiere estar seguro de que puede cuidarse a sí mismo y a su familia.
- Desea un éxito duradero en su carrera y en su vida personal
- Quiere que sus amigos y familiares estén orgullosos de usted y de sus logros.

Esto es lo que probablemente está haciendo bien en su vida:

Puesto que usted es serio acerca de mejorar su experiencia de vida, posiblemente esté implementando estas estrategias básicas de éxito profesional:

- Usted se asegura de que su desempeño en el trabajo supere las expectativas de sus jefes.
- Llegas temprano y cuando es necesario, trabaja horas extras
- Usted está mejorando continuamente para mejorar su rendimiento laboral
- Busca mentores y se relaciona con sus compañeros

La verdad es que ninguna de estas acciones lo elevará al estilo de vida personal o profesional que usted desea y merece. Por qué? Déjeme explicarle:

Para que todas las cosas funcionen correctamente, tiene que haber un equilibrio. Usemos el ciclo de centrifugado de la lavadora como ilustración. Cuando hay demasiadas toallas en un lado de la bañera, se golpea y vibra. Si no lo arregla a tiempo, los cojinetes se romperán y las reparaciones pueden ser costosas.

Su vida puede compararse a la de la lavadora. Si usted sólo enfoca e implementa los pasos necesarios para el éxito de la mayoría de las personas, logrará el mismo nivel de éxito que ellos. Por lo tanto, es posible que nunca logre todo lo que desea o necesita en la vida. Su vida estará completamente desequilibrada.

Con el tiempo, usted comenzará a agotarse espiritual, física y emocionalmente. En consecuencia, usted puede comenzar a experimentar problemas sociales, problemas de relación y problemas de salud tales como depresión, diabetes, enfermedades cardíacas e hipertensión arterial. Cuando usted vive continuamente una vida desequilibrada, es posible que nunca logre sus metas o ambiciones establecidas.

Durante siglos, los chinos han conocido y han estado implementando el principio del yin y el yang. El principio establece que "dos mitades que se complementan entre si producen la totalidad". La palabra clave aquí es "totalidad". Las dos mitades son su mente y su cuerpo; trabajan juntas para hacer su vida completa.

Si su vida no es completa, usted no es diferente de las toallas mojadas que se balancean alrededor de la lavadora.

Déjenme decirles un secreto: cada persona exitosa que han conocido y conocerán son maestros de la productividad. Si un experto le entregara la guía completa para el éxito a través de una gestión adecuada del tiempo, ¿implementaría los pasos de la guía?

- ¿Utilizará los secretos para aumentar su productividad y elevar su nivel de éxito?
- Si descubre los secretos de productividad de las personas más exitosas, ¿implementará estos secretos?
- Estoy dispuesto a mostrarle con exactitud lo que hago diariamente para lograr consistentemente mi carrera y mis metas personales para vivir el tipo de estilo de vida que usted busca. ¿Está dispuesto a seguir fielmente estos pasos?

Si su respuesta es afirmativa a estas tres preguntas, entonces está listo para alcanzar un nuevo nivel de éxito con la *Gestión de tiempo: Pasos y estrategias probadas para administrar su tiempo de manera eficiente y efectiva*. Este libro

- No es sólo una guía de animadoras rah-rah que te entusiasma con biografías y citas de personas exitosas. No encontrarás los típicos "secretos de la gestión del tiempo" que se copian y pegan de artículos de Internet y se juntan como si fueran una novela de ficción barata.
- Detalla mis acciones diarias exactas y por supuesto, soy una persona exitosa y realizada.
- Le muestra cómo priorizar cuando todo es importante

- Profundiza en las técnicas para lograr sus objetivos
- Le lleva a los mayores asesinos de la productividad y cómo superarlos.
- Le ayuda a silenciar las distracciones internas
- Le dice maneras confiables de derrotar las distracciones externas
- Contiene ejemplos de fijación de objetivos de los maestros de negocios
- Discute los problemas de gestión del tiempo de las personas exitosas.
- Le lleva a las rutinas matutinas de los emprendedores pioneros

No voy a llamar a este libro un libro que cambia la vida. En vez de eso, lo llamaré un libro para mejorar la vida. Con él, empiezas con la vida que has construido y la elevas a los niveles que deseas, implementando los pasos exactos de personas verdaderamente exitosas.

En este libro encontrará la información precisa que necesita. Puede empezar desde la primera página o leer sobre los temas que le causan más dificultad. Puedo asegurarle que este libro le ayudará a maximizar las escasas 24 horas que todos tenemos por día.

Por ejemplo, usted puede revisar el capítulo uno para ver si hay señales que sugieran que su gestión del tiempo es un asco. Además, en el capítulo tres, descubrirá las razones comunes por las que no puede hacer nada con sus listas de tareas.

El punto es que, independientemente del capítulo que elija para empezar a leer, descubrirá muchos pasos valiosos que puede implementar. Así, usted puede aumentar su rendimiento sin aumentar sus horas de trabajo.

CAPÍTULO 1 - DEJAR DE PERDER EL TIEMPO

La importancia de la gestión de tiempos

Por definición, la gestión del tiempo es un proceso de organización y planificación del tiempo entre actividades específicas para lograr eficiencia.

El tiempo es valioso para nosotros, le asigne o no un valor en dólares. Piense en el número de veces que se quejó de que no tuvo tiempo suficiente para alcanzar una meta o completar una tarea durante la semana pasada. Si no entiende completamente por qué es crucial que gestione mejor su tiempo, entonces, tomar medidas como descargar aplicaciones de gestión del tiempo, crear listas o ajustar su tiempo de inactividad no le ayudará a resolver sus problemas. En primer lugar, eche un vistazo al panorama general para comprender lo que ganará con una gestión eficaz de su tiempo. Aquí hay ocho razones críticas por las que usted necesita manejar su tiempo de manera efectiva:

1. Prevenir la postergación
No hay lugar para la dilación cuando se practica una gestión adecuada del tiempo. Usted se volverá más auto disciplinado a medida que vaya manejando mejor su tiempo. Así, usted puede llegar a ser auto disciplinado en otras áreas de su vida donde le falta disciplina.

2. Encuentre el tiempo para relajarse
Debido a las responsabilidades familiares, mandados y trabajos, la mayoría de nosotros no tenemos suficiente tiempo para relajarnos y descansar. Luchamos por encontrar sólo 10 minutos para sentarnos y no hacer nada. Con prácticas apropiadas de manejo del tiempo, usted podrá hacer más durante el día y crear el tiempo para relajarse,

descansar y prepararse para una buena noche de sueño más tarde en el día.

3. Evite el estrés

Es fácil sentirse apurado y abrumado cuando usted no tiene control de su tiempo. De esta manera, usted comenzará a luchar para completar sus tareas. Imagínate que está haciendo esfuerzos frenéticos para terminar un proyecto para no perderse una fecha límite. Luego, su jefe deja caer un nuevo trabajo en su escritorio y le pregunta cuándo puede completar la nueva tarea. ¿Cuál será su respuesta?

Sin embargo, cuando pueda administrar su tiempo, completará la mayoría de los proyectos antes de las fechas límite. Puede estimar adecuadamente el período que utilizará para completar una tarea y tener confianza en el cumplimiento de los plazos.

4. Aprovechar las oportunidades de aprendizaje

Usted se vuelve más valioso para su empleador a medida que mejora su repertorio. Pero si no tiene tiempo para mejorar sus conocimientos, ¿cómo puede ser más relevante para su empleador? Una vez que practiques excelentes habilidades de administración del tiempo, podrás aprovechar las grandes oportunidades de aprendizaje que lo rodean.

No significa volver a obtener certificados adicionales. Aprender puede ser tan simple como ofrecerse como voluntario para acoger la jornada de puertas abiertas de su empresa. También puede almorzar con colegas de otros departamentos para obtener más información sobre lo que hacen. Cuando usted tiene un conocimiento adecuado sobre su compañía y su industria, tiene una mayor posibilidad de ascender rápidamente en la escala corporativa.

5. Estar en control de su vida

En lugar de seguir a otros ciegamente, el manejo del tiempo le permite controlar su vida de la manera que usted desea. De esta manera, usted toma más decisiones acertadas y logra más cada día. Por lo tanto, los líderes de su industria comenzarán a buscar su ayuda para hacer las cosas. Con esta mayor exposición, usted se encuentra en una posición perfecta para oportunidades avanzadas.

6. *Mejore su toma de decisiones*

Independientemente de las técnicas de gestión del tiempo que adopte, un beneficio secundario significativo de una buena práctica de gestión del tiempo es que usted comienza a tomar mejores decisiones. Cuando no tiene tiempo para considerar sus opciones antes de tomar una decisión, saca conclusiones y toma malas decisiones. A través de una gestión eficaz del tiempo, usted se siente más en control y puede examinar a fondo sus opciones antes de tomar una decisión.

7. *Mejore su enfoque*

Cuando usted tiene el control de su tiempo, su concentración mejora y su eficiencia aumenta. De este modo, podrá realizar sus tareas diarias de forma rápida y eficaz.

¿Desea completar sistemáticamente más tareas que cualquier otra persona? ¿Busca ascensos o premios? Entonces, usted necesita encontrar los medios para administrar su tiempo.

Señales de que está fallando en el manejo de su tiempo

Usted:

- Constantemente tiene más que hacer que el tiempo para hacerlo?
- ¿No descansa desde el momento en que se despierta hasta el momento en que duerme por la noche?
- ¿Siempre se siente cansado después de cada día de trabajo?

Un atributo vital de un gerente capacitado es la eficacia. Si usted tiene la intención de lograr una meta y no está completando las tareas correctas para lograr esa meta, no la logrará.

A continuación, se incluyen algunos de los signos más comunes de que no está logrando controlar su tiempo:

1. Ninguna delegación de tareas

Necesita identificar las tareas que puede delegar, automatizar o subcontratar y eliminarlas de su carga de trabajo. Aquí hay ejemplos de tareas que puede delegar:

- Sus tareas que consumen más tiempo. Estas tareas podrían ser la investigación de clientes, el desarrollo de una estrategia de marketing, la recopilación y presentación de datos, la generación de tráfico y la mejora de la tasa de clics.
- Tareas que otros podrían disfrutar. Es posible que se haya aburrido de una tarea después de completarla repetidamente. Por lo tanto, si cree que algunos de sus colegas podrían disfrutarlo, delegue esa tarea en ellos. Además, si un colega se ofrece como voluntario para una tarea, permítale realizarla.
- Tareas en las que los compañeros de equipo tienen mejores habilidades. Dedique su tiempo a otras cosas y permita que los compañeros de equipo con mejores destrezas manejen tareas que se adapten a sus destrezas y habilidades. Evite ser la competencia para sus compañeros de equipo. Si son mejores en una tarea que usted, de que la hagan.
- Tareas divertidas. Es probable que sus compañeros de equipo se ofendan cuando usted realiza todas las tareas agradables y les pides que se ocupen de las tareas tediosas. ¿Por qué guarda la diversión para usted? Deje que compartan la diversión.
- Tareas regulares. Estas son tareas recurrentes (semanales o mensuales) y cosas que deben hacerse después de completar un proyecto.

2. De acuerdo con todo el mundo

Si usted continuamente está de acuerdo en hacer las cosas por todos, excluyendo a sus seres queridos, no tendrá tiempo para mejorar su vida o tener tiempo para sus seres queridos. Si siempre está ayudando a otros sin trabajar en las tareas importantes que le han sido asignadas, tendrá constantemente una carga de trabajo excesiva. Ser asertivo y aprender a decir "no" es una de las mejores maneras de mejorar la gestión del tiempo.

Aunque es fantástico ayudar a sus compañeros de equipo en el trabajo, sólo debería ser un acontecimiento ocasional. Si se convierte en algo regular, usted está haciendo su trabajo por ellos y ya no los está ayudando. Necesitan averiguar cómo trabajar sin tener que pedirle ayuda continuamente. De lo contrario, también tienen problemas de gestión del tiempo, y necesitan resolverlos rápidamente.

3. *Indecisión*

¿Tiene experiencia en dedicar mucho tiempo a considerar varias opciones pero aún no puede tomar una decisión? Es una señal de que usted tiene una mala administración del tiempo. Este signo se relaciona con tener objetivos mal definidos. Cuando sus objetivos están claramente definidos, usted tiene una base para elegir su próxima tarea más importante en cualquier momento dado. La siguiente tarea se elige a menudo en función de la rentabilidad de la inversión. Por ejemplo, suponiendo que debe elegir entre dos tareas de una hora. La tarea A le dará un ROI de $100, mientras que la tarea B le dará un ROI de $150. Si su meta es ganar más dinero, su elección obvia es la tarea B.

Las tareas varían en tiempo de ejecución y costos. Además, es posible que tenga restricciones en la siguiente tarea a realizar debido a los recursos disponibles, los niveles de energía y otros factores. Después de un objetivo claramente definido, he aquí una pregunta que puede hacer para tomar una decisión fácil sobre la siguiente tarea a realizar. "Usando el tiempo y los recursos que dispongo, ¿cuál es la tarea más importante que puedo hacer?"

4. *Perfeccionismo*

Cuando las tareas tardan demasiado en realizarse o incluso fallan porque quería asegurarse de que todo fuera perfecto, usted es un mal administrador del tiempo. Cuando se sienta abrumado por la necesidad de perfección, no se da cuenta de que muy pocas tareas se realizan de manera impecable en la realidad. Al hacer demandas poco realistas de sus compañeros de equipo, su deseo de perfección puede destruir sus relaciones con ellos. Si usted reprende a sus colegas cuando no logran alcanzar sus estándares perfectos, tendrá dificultades para encontrar colegas dispuestos a trabajar con usted.

Como no puede mantener relaciones de trabajo cordiales con sus colegas, siempre tendrá problemas de gestión del tiempo. No puede hacerlo todo solo. Usted debe darse cuenta de que la perfección es imposible y, la mayoría de las veces, innecesaria. Sólo exija lo mejor de sus colegas para cada tarea. A continuación, utilizando la retroalimentación de las tareas completadas, puede realizar las mejoras necesarias.

Tenga en cuenta que un trabajo perfecto que nunca se completa es inútil en comparación con un trabajo promedio que cumple con la fecha límite.

5. *Disminución de la productividad*

Cuando gestiona mal su tiempo, no cumple con los plazos de entrega, tiene un aumento de la cartera de pedidos y su productividad disminuye. La gestión del tiempo y la gestión de la energía son igualmente importantes. Si no puede hacer nada con sus niveles de energía, simplemente organizar su tiempo es una pérdida de esfuerzo. Una vez que se han reducido los niveles de energía, se empieza a tener una mala gestión del tiempo. Por lo tanto, usted se encuentra bajo una intensa presión para completar las tareas sin perder el plazo requerido. Esto incluso absorbe más de sus niveles de energía.

Lleve un registro de sus niveles de energía cuando se esfuerza por encontrar la causa de su mala gestión del tiempo. Busque formas de mejorar su gestión de la energía.

6. Objetivos mal definidos

Sólo se puede priorizar cuando se han definido claramente los objetivos. Por consiguiente, puede completar sus tareas a tiempo. Cada objetivo debe tener un esquema claramente definido: qué lograr, cuándo alcanzarlo y el orden de importancia. Usted necesita establecer objetivos claramente definidos en torno a su programa de actividades. De esta manera, usted gana claridad sobre lo que se debe hacer y cuándo debe hacerlo.

Según el principio 80/20, no todas las tareas tienen la misma importancia. En promedio, el 20% de sus esfuerzos serán responsables del 80% de sus resultados. El porcentaje más pequeño de las tareas que realice será responsable del porcentaje más significativo de los resultados que obtenga. Sólo se pueden identificar las tareas 80/20 cuando se tienen objetivos claramente definidos. Un beneficio adicional es que eliminará las tareas que consumen mucho tiempo.

7. Encontrar excusas

La presión de no cumplir con una fecha límite lo hace impaciente. Por lo tanto, usted comienza a encontrar razones para no cumplir con sus plazos. La mayoría de las personas atribuyen su mala gestión del tiempo a las personas, a la tecnología o a ambos. Pero la verdad es que, si usted no ha podido manejar su tiempo correctamente, las personas y la tecnología no pueden ayudarle. Asegúrese de que sólo está trabajando en tareas esenciales que puede completar utilizando el tiempo y los recursos disponibles.

Arruinará su capacidad de concentrarse en la tarea crucial añadiendo una fecha límite innecesaria. Asumiendo que hay una tarea que necesita ser completada para el cierre del negocio de mañana, pero usted decidió cambiar la fecha límite al cierre del negocio de hoy sin ser presionado para hacerlo. Sólo se estaría sometiendo a una presión innecesaria y corriendo para completar la tarea. Mientras que, por el contrario, habría sido mejor para usted difundir el proceso de la tarea entre hoy y mañana.

8. Apresuramiento

Cuando usted se apresura a realizar tareas, es una señal de que no tiene suficiente tiempo para estas tareas o de que no cumple con las expectativas de estas tareas. Aunque algunas tareas requieren un poco de prisa, no debe apresurarse a completar todas las tareas asignadas. Usted debe tener suficiente tiempo entre las tareas para hacer frente a circunstancias imprevistas.

Por ejemplo, una reunión anterior excedió el tiempo asignado. Si deja cada tarea para el último minuto, estará continuamente apurado. Lo que no se da cuenta es que si la reunión A llega tarde, la reunión B comenzará tarde, y tiene que pasar su período de descanso para completar la tarea asignada para el día.

9. Llegar tarde

Cuando no puede dedicar suficiente tiempo a las citas o tareas, no podrá completar estas tareas o cumplir con las citas. Sus compañeros asumen que usted es irresponsable. En algunos casos, su tardanza puede ser un problema de motivación. No puede motivarse a salir de la cama y hacer lo que se supone que debe hacer. Una de las razones principales de su problema de motivación puede ser un desajuste entre sus metas y sus objetivos de gestión del tiempo.

Su mejor opción es priorizar sus metas y administrar su tiempo para alcanzarlas. Cuando usted programa una meta que no es su prioridad, pierde la motivación para ser puntual ya que no se da cuenta de la importancia de la tarea. Por lo tanto, se queda corto en las tareas sin sentir ningún remordimiento, y es conocido por sus frecuentes malas prácticas de gestión del tiempo.

La verdad es que, cuando se es puntual, demuestra que respetas a sus compañeros. Lo contrario también es cierto: cuando llega tarde, es una señal de que no respeta a sus colegas. En lugar de llegar tarde a tareas que no le parecen importantes, puede negarse a realizarlas.

Las razones por las que estás fracasando

Hay veces que luchamos para controlar nuestros asuntos diarios a pesar de nuestros mejores esfuerzos para organizar eficientemente nuestro tiempo, adelantarnos al horario o completar las tareas exitosamente. En lugar de crear listas de tareas adicionales, debe identificar el origen de los problemas de gestión de tiempos. ¿Dónde se le está escapando el tiempo, y qué está haciendo mal?

Echemos un vistazo a ocho razones por las que usted está fallando en la gestión del tiempo:

1. *Ningún plan en absoluto*

Necesitas un método apropiado para cambiar algo que ya está en movimiento en su vida. No espere que todo se arregle solo. Cree un horario que lo haga responsable de cada hora de su día. No se desvíe de su plan diario, consúltelo y revíselo. Así, usted puede empezar a desarrollar e incorporar nuevos hábitos en su día.

2. *Dejar las cosas para más tarde*

Comience a implementar su plan inmediatamente. No espere el

siguiente mes, el domingo o el próximo hito en su vida antes de hacer un cambio. La idea principal es que usted actúe según el plan.

3. *No hay gracia*

Ya que no eres perfecto, habrá veces en que se equivocará. Sin embargo, esto no significa que usted sea un fracaso, o que su trabajo duro no esté dando sus frutos. Así que, date la gracia de levantarte al día siguiente y ser mejor.

4. *Falta de rendición de cuentas*

Pídale a un colega de confianza que le haga responsable de sus acciones diarias. Si llega tarde, dígaselo al colega de confianza. Luego, haga un plan para lo que sucede cuando no cumple con las expectativas establecidas.

5. Sin motivación

Los comentarios de sus compañeros de trabajo no deberían motivarlo. Decida cuál es su motivación y asegúrese de que sea la motivación correcta. Ejemplos de motivadores fuertes son el desarrollo personal, la excelencia y el bienestar. Los cambios que usted hace para su bienestar se convertirán en un cambio de estilo de vida, pero los cambios hechos para otra persona no durarán.

6. Hacer cambios innecesarios

Concéntrese en un objetivo específico a la vez. Si su objetivo es llegar al trabajo a tiempo, identifique la causa de su tardanza. Entonces, elimínalo. Haga que sea una prioridad determinar los cambios necesarios que necesita hacer. Hacer cambios innecesarios no llevará a nuevos hábitos. Por ejemplo, pasar dos horas en Facebook temprano en la mañana puede hacer que llegue tarde al trabajo. Puede cambiar eso y pasar dos horas en Facebook la noche anterior. Si las modificaciones son necesarias, conviértalas en una prioridad.

7. Expectativas poco realistas

No espere demasiado. Si normalmente usted se levanta a las 7:45 de la mañana y llega al trabajo a las 8:15 en lugar de las 8:00 de la mañana, entonces no puede empezar a levantarse de repente a las 5:00 de la mañana. No funcionará de esa manera. Su mejor opción es empezar a aprender a levantarse a las 7 de la mañana. Luego, trabaje lentamente hasta que se despierte a las 5:30 a.m.

8. Implementar mucho a la vez

Un gran error cuando se trata de un problema en su vida es hacer una larga lista de cosas que cambiar. Luego, intente tomar acciones sobre todas estas cosas a la vez al día siguiente. Ese es un enfoque totalmente equivocado. Su primer paso es aprender a levantarse de la cama a tiempo. Luego, trate de alcanzar la siguiente meta. Con el tiempo, habrías desarrollado nuevos hábitos.

7 grandes mitos sobre la gestión del tiempo

En el mundo actual de los negocios, la gestión del tiempo es más importante que nunca. Aunque la mayoría de los profesionales ofrecen varios consejos para priorizar y equilibrar las tareas del trabajo y el hogar, la mayoría de estos consejos son mitos y malos consejos que podrían tener un impacto negativo que positivo.

Aquí están los siete mitos más importantes que usted no debería comprar sobre el manejo del tiempo:

1. *"Presupueste su tiempo."*

No se sorprenda cuando le disparen a su presupuesto 15 minutos al día. En lugar de eso, cree periodos regulares de tiempo en los que pueda progresar lo suficiente antes de pasar a la siguiente meta. Durante estos períodos de tiempo, no tome llamadas, no conteste correos electrónicos ni revise su página de medios sociales. Hacer esto le ayuda a evitar las interrupciones aleatorias en lugar de tener reuniones de "un minuto".

2. *"Planee su día."*

Este era el mantra de la gestión del tiempo. Sin embargo, es posible que nunca se acerque a sus objetivos a largo plazo utilizando planes diarios. Por qué? Usted termina cada día con tareas adicionales que agrega a la lista del día siguiente hasta que abandona sus metas a largo plazo. Una solución simple y efectiva es incluir sus metas a largo plazo en sus planes semanales.

3. *"Una lista de tareas detallada es esencial para administrar su tiempo."*

Es más importante estructurar sus tareas de acuerdo con sus objetivos estratégicos en lugar de limitarse a enumerarlas. Usted puede convertirse en un maestro de la gestión del tiempo utilizando 15 minutos antes de la hora de acostarse el día anterior para planificar su próximo día para cumplir con una expectativa definida. Aumenta la toma de decisiones y la productividad al limitar el tiempo de planificación.

4. *"Un día estructurado significa un tiempo bien gestionado."*

Para obtener resultados óptimos, la gestión del tiempo, la eficiencia, la eficacia y la productividad dependen de cada individuo. No hay una propuesta única para todos los casos. Necesita averiguar qué es lo que funciona para usted.

5. *"Siempre hay tiempo para sus prioridades."*

Usted todavía puede sentirse estresado a pesar de conocer sus prioridades y alinear sus actividades con ellas. Tenga en cuenta que usted sólo puede cambiar lo que siente sobre el tiempo que tiene, pero no puede cambiar el tiempo. Siempre se sentirá estresado al pensar que no tiene suficiente tiempo. En su lugar, dígase a sí mismo: "Tengo todo el tiempo que necesito para cumplir mis deseos "al hacer esto, está más presente y abierto a nuevas y diferentes soluciones, se vuelve más presente y se siente más tranquilo. Así, usted puede hacer más cosas.

6. *"Programe primero sus tareas más difíciles."*

Una receta para dejar de postergar las cosas es intentar una tarea difícil cuando los niveles de energía son altos. Si su energía es típicamente alta a medianoche, concéntrese en los proyectos más desafiantes durante este tiempo. Si por lo general se encuentra bajo de energías el jueves por la tarde, programe reuniones menos importantes para ese día.

7. *"Una mejor gestión del tiempo es el resultado de una mejor gestión de las tareas."*

Aunque soy un fanático del bloqueo del tiempo para la gestión de prioridades, sigo creyendo que necesitamos tomar decisiones intencionales sobre dónde enfocar nuestra energía antes de que podamos tener una gestión adecuada del tiempo. Dado que nuestras elecciones definen nuestras prioridades, necesitamos tomar mejores decisiones para tener una mejor gestión del tiempo.

Administración del tiempo

CAPÍTULO 2 - CÓMO HACER LAS COSAS 101

Consejos esenciales para hacer las cosas

Hacer las cosas, o GTD, es un método razonablemente simple contrario a lo que usted pueda pensar. Implica el uso de reglas simples para administrar unas cuantas listas. Cualquier persona, independientemente de sus antecedentes, puede entender y aplicar estas reglas.

Sin embargo, usted necesita desarrollar al menos uno de los tres hábitos para hacer las cosas. Por lo tanto, la parte complicada de GTD es en la práctica y no conseguir que las cosas se hagan. Aquí están esos tres hábitos:

1. *Mantenga la cabeza vacía*
"Una mente vacía está abierta a todo y preparada para todo." - Shunryu Suzuki

David Allen es el autor de *Getting Things Done - The Art of Stress-Free Productivity*. Él recomienda que usted necesita capturar los elementos esenciales necesarios para que usted pueda hacer las cosas. Luego, manténgalo fuera de su cabeza en un sistema confiable donde pueda revisarlo en cualquier momento.

Todo aquí incluye lo que tiene que hacer pronto o algún día (las cosas grandes y las pequeñas). Algunos pueden ser parte de su trabajo, mientras que otros pueden ser parte de su vida personal. Sin embargo, deberían ser los que usted considera más importantes y los que usted considera menos importantes.

Aquí hay seis razones por las que usted necesita incluir todo:

- Todas las cosas requieren su atención constante y consciente.

- Pierde tiempo y sufre estrés cuando piensa en las mismas cosas repetidamente. Una vez que los pone en un sistema confiable y fuera de tu mente, lo hace sin esfuerzo.
- Usted tiene claridad sobre la cantidad de cosas que necesita hacer
- Ya que no estás distraído por cosas indefinidas en su mente, su concentración aumenta.
- Usted puede rechazar las cosas que no debe y no quiere hacer, ya que tiene una idea clara de sus compromisos.
- Usted puede comenzar a usar su mente para actividades creativas en lugar de tratar de recordar cosas.

2. Sea decisivo

"Cuando no hay una próxima acción, hay una brecha infinita entre la realidad actual y lo que hay que hacer." - David Allen

El cambio es inevitable, nos guste o no. Por lo tanto, usted necesita la disciplina para decidir el siguiente mejor curso de acción. Debe tener una idea clara de su compromiso con cada actividad. Entonces, toma una decisión sobre tal cosa.

Para que su organización funcione sin problemas, debe vaciar la bandeja de entrada con regularidad. Defina y aclare cada cosa que haya capturado previamente. Además, usted debe decidir lo que hará con cada elemento. ¿Cuáles son sus razones para hacerlo?

Cuando conoces sus razones, usted:

- Se da cuenta de la realidad y se concentra en las cosas esenciales en lugar de dejarse llevar por lo que es urgente. Por lo tanto, sus niveles de ansiedad son mínimos.
- Tiene el control total porque sabe qué hacer y cuándo hacerlo.
- Experimente una sensación de alivio cada vez que tome una decisión. Además, usted no está bajo ninguna presión intensa, ya que tiene una perspectiva más clara sobre sus objetivos.

- Tiene una mayor autoestima ya que usted es responsable de sus acciones
- Es más productivo ya que tiene una capacidad reforzada para hacer las cosas.

3. Actualice su sistema regularmente

"Tienes que entrenarte para ver el bosque y el árbol antes de que tu conocimiento pueda ser productivo" - Peter F. Drucker

Necesita revisar su sistema regularmente para que sea útil. Reflexione con frecuencia sobre las cosas esenciales de su vida, trabajo, proyectos actuales y acciones futuras. He aquí algunas razones cruciales por las que necesita revisar su sistema regularmente:

- Una revisión completa revela lo que usted no está haciendo y lo que debería estar haciendo.
- Dado que cada acción tiene un paso claramente definido, el hecho de que falte un paso afectaría el resultado.

Reglas Esenciales para una Gestión de Tiempo Exitosa

Es un secreto a voces que una gestión eficaz del tiempo tiene muchas ventajas. ¿Cuántas veces ha escuchado que una mejor gestión del tiempo reduce el estrés, ahorra tiempo y aumenta la eficiencia? Estoy seguro de que es más de lo que puedes contar. Pero la verdad es que a menudo luchamos por practicar una gestión eficaz del tiempo.

Por lo tanto, cuando nos damos cuenta de que la fecha límite está cerca, empezamos a apresurarnos a cumplir con tiempo establecido. Nadie tiene el poder de ralentizar el tiempo de inactividad, pero usted puede aprovechar al máximo su día administrando su tiempo correctamente.

Aquí hay algunos consejos probados para convertirse en un maestro de la gestión del tiempo:

Administración del tiempo

1. Llévalos juntos

Trabajo conjunto relacionados en grupos. Por ejemplo, programe un período específico para responder a sus correos electrónicos y llamadas telefónicas. No maneje estas tareas o tareas similares a lo largo del día. Los diferentes proyectos requieren un proceso de pensamiento diferente. Por lo tanto, la agrupación de tareas relacionadas evita que su cerebro cambie a diferentes procesos de pensamiento cada vez que tenga que realizar un trabajo diferente. La dosificación ayuda a su mente a eliminar el tiempo que le toma a su cerebro reorientarse para acomodarse a las diferentes tareas nuevas.

2. Centrarse en los aspectos importantes

Este consejo es un crédito para Leo Babauta del blog Zen Habits. Según él, hay que pasar unos minutos para entender lo que hay que hacer entonces, concentrarse sólo en esas cosas cruciales. De esta manera, usted hace que cada acción cuente y cree más valor. En este caso, menos no es más; menos es mejor.

3. Trabajar a distancia

Basado en la investigación, el promedio de estadounidenses viaja por lo menos 25 minutos. Incluso se prevé que este tiempo medio aumente en un futuro próximo. Agregue este tiempo al tiempo que le toma estar preparado para su viaje al trabajo. Entonces, usted descubrirá que está perdiendo mucho tiempo yendo y viniendo del trabajo. La solución: si es remotamente posible con su trabajo, intente trabajar a distancia al menos una vez por semana. Ahorrará varias horas a la semana que podrá utilizar para otros medios productivos.

4. Aproveche al máximo su tiempo de espera

Para todos los estándares, soy una persona paciente. Pero no soporto esperar sabiendo que puedo pasar ese tiempo de manera más productiva. Por lo tanto, pienso en las mejores maneras de pasar ese tiempo. Por ejemplo, si estoy esperando para ver a mi médico, podría crear un plan para un próximo artículo en el blog, escuchar un podcast o leer un libro inspirador.

5. Incorporar hábitos de apoyo

Charles Duhigg escribió un libro llamado *El Poder de los Hábitos,* donde definió los hábitos fundamentales. Estos hábitos que transforman la vida incluyen la meditación, el desarrollo de rutinas diarias, el seguimiento de lo que come y el ejercicio. Al incorporar estos hábitos de apoyo en su rutina diaria, usted reemplazará los malos hábitos por buenos hábitos con el tiempo. Consecuentemente, usted está más enfocado, más sano, y será un mejor administrador de su tiempo.

6. No tengas miedo de decir "No".

Aunque usted no quiere que sus colegas se enojen con usted, tiene poco tiempo, como todos los demás. Por ejemplo, si no tiene tiempo libre, no debería intentar ayudar a sus colegas con las tareas asignadas.

7. Maximizar el uso de Google Calendar

Aunque los calendarios han sido una herramienta fundamental de gestión del tiempo durante mucho tiempo, los calendarios en línea los han llevado al siguiente nivel. Puede acceder a un calendario en línea desde varios dispositivos. A continuación, utilice esta herramienta para programar eventos recurrentes, crear bloques de tiempo, configurar recordatorios, programar fácilmente reuniones y citas.

Aunque creo que Google Calendar es el mejor porque es el que utilizo, Apple Calendar y Outlook pueden servir para el mismo propósito.

8. Programar el tiempo de búfer entre tareas o reuniones

Puede parecer un buen uso de su tiempo saltar a un nuevo proyecto inmediatamente después de completar una tarea anterior. Pero tiene un efecto opuesto; desordena su mente. El cerebro humano sólo puede concentrarse durante al menos 90 minutos a la vez.

Por lo tanto, usted necesita tiempo incluso si son unos pocos minutos para recargar su mente, refrescar su cuerpo, y aumentar su cerebro. Caminar y meditar son dos formas comprobadas de aclarar y recargar la mente. De lo contrario, tendrá dificultades para concentrarse o mantenerse motivado. Según mi experiencia, un tiempo de almacenamiento intermedio de 25 minutos entre tareas es siempre ideal.

9. Altere su horario

Alterar su horario puede ser una solución simple y efectiva para sus problemas de gestión del tiempo. Por ejemplo, puede despertarse una hora antes de la hora habitual. Puede utilizar esta hora extra para trabajar en proyectos paralelos, revisar sus correos electrónicos, planificar su día, hacer ejercicio o una combinación de estas tareas. Además, considere reducir la cantidad de televisión que ve y mantenga las mismas rutinas de despertador durante los fines de semana.

10. Deje de trabajar a medias.

Según James Clear, autor del best-seller *Hábitos Atómicos del New York Times*: "En esta era de distracción constante, es fácil dividir nuestro enfoque entre las demandas de la sociedad y lo que debemos hacer. Típicamente, estamos tratando de cumplir una tarea y al mismo tiempo revisando nuestras listas de tareas, correos electrónicos y mensajes. Por lo tanto, no podemos enfocarnos completamente en el proyecto que estamos tratando de lograr".

He aquí algunos de los ejemplos que dio de lo que llamó "medio trabajo":

- Su mente está deambulando por su buzón de correo electrónico mientras se comunica por teléfono.
- Escribir un informe, entonces, detenerse a revisar su teléfono sin ninguna razón
- Alterar su rutina de ejercicios porque observó un par de videos de YouTube

El punto es que, cuando se dedica a la mitad del trabajo, le toma el doble de tiempo cumplir una tarea, y sólo logrará la mitad de la misión. Clear opinó que la mejor solución a la mitad del trabajo es centrarse en un proyecto y completarlo antes de pensar en cualquier otra tarea o comenzarla.

Por ejemplo, escoja un ejercicio y concéntrese en él solo para sus entrenamientos. Además, deje su teléfono en una habitación separada y dedique una cantidad significativa de tiempo a un proyecto importante. Clear afirma que "la mejor manera de lograr un trabajo profundo y enfocado y evitar el trabajo a medias es eliminar las distracciones".

11. Enumerar todos los pasos mensurables para completar una tarea

Todos los objetivos y proyectos son una suma de pequeñas partes móviles. Por lo tanto, es necesario definir claramente las pequeñas partes móviles para lograr un proyecto u objetivo. Un beneficio adicional es que usted está motivado por lo que ha logrado. De esta manera, usted puede enfocarse en lo que aún no ha logrado.

Cuando experimente interrupciones, asegúrese de no dejarse llevar completamente por la distracción. Una manera comprobada de evitar que una distracción se lleve a cabo es limitar el número de tareas que usted está realizando en un momento específico.

12. Aplicar el principio de Eisenhower

Necesita identificar las tareas urgentes y esenciales de su lista de tareas pendientes antes de trabajar en ellas. Este concepto fue acuñado por primera vez por Dwight D. Eisenhower, el 34° presidente de los Estados Unidos.

- Alcanza sus metas personales con tareas importantes
- Alcanzará objetivos inmediatos con tareas urgentes. Típicamente, las tareas urgentes tienen consecuencias inmediatas pero están asociadas con el logro de la intención de otra persona.

El principio de Eisenhower sugiere priorizar las tareas en cuatro grupos:

- No es urgente ni importante: son distracciones completas. Evítalos.
- Urgente pero no importante: estas son barreras para sus tareas, y sus compañeros de trabajo en su mayoría las proveen. Buscan su ayuda para cumplir con sus tareas. Cuando esto suceda, puede sugerir a otra persona competente para ellos o decir "No".
- No es urgente, pero es importante: Estas son tareas necesarias para lograr sus objetivos. Por lo tanto, asegúrese de prepararse adecuadamente para ellos.
- Urgente e importante: Estas son las primeras tareas que debe realizar todos los días. Algunas pueden ser tareas de último momento, mientras que otras pueden ser tareas de emergencia. Con una planificación adecuada, puede evitar las tareas de última hora. Pero no puede planear para problemas de emergencia. Su mejor opción es dejar un tiempo de almacenamiento intermedio para tratar estos problemas. Incluir espacios de tiempo para emergencias es una de las mejores maneras de priorizar sus tareas.

13. Aplicar el concepto de apalancamiento para completar su tarea

El uso inteligente del apalancamiento le ayudará a lograr los rendimientos más significativos con el menor esfuerzo. Utilice la técnica Pomodoro para evitar trabajar horas extras. Esta técnica sugiere que "divida y organice su trabajo en sesiones de 25 minutos y un descanso de 5 minutos entre las sesiones".

Por ejemplo, suponiendo que está trabajando en una presentación y que ha estimado que necesita unos 150 minutos para realizar la tarea. Divida la tarea en seis sesiones de 25 minutos y un descanso de 5 minutos entre ellas. Asegúrese de que sus sesiones no estén en conflicto con otros compromisos o planes. Empiece a trabajar una vez que el temporizador se active después de 25 minutos. Descanse durante 5 minutos después de cada sesión, luego repita hasta completar las sesiones. Descanse durante 30 minutos después de completar todas las sesiones.

14. Rastree su tiempo

He guardado lo mejor para el final. El primer paso para un manejo adecuado del tiempo es determinar cómo gasta su tiempo. Usted puede creer que gasta sólo 25 minutos en correos electrónicos, mientras que en realidad, gasta más de 45 minutos en ello por día.

Las aplicaciones de tiempo como mi calendario de aplicaciones, Toggl o RescueTime le ofrecen una forma fácil de hacer un seguimiento de su tiempo y actividades semanalmente. Haga un seguimiento de sus actividades para la próxima semana, luego, utilice el informe para identificar a sus ladrones de tiempo y hacer los ajustes apropiados.

5 Hacks de productividad menos conocidos que necesita saber

Como ser humano vivo que respira, hay momentos en los que tendrás que luchar con su productividad. A menudo, nuestra incapacidad para producir resultados de manera consistente y repetida es una de las cosas más importantes que nos frenan en la vida. Para la mayoría de nosotros, hay veces que tenemos productividad máxima, pero la mayoría de las veces tenemos productividad del valle. Estas son las principales barreras para nuestras metas de vida.

Antes de que usted pueda hacer un progreso significativo en la vida, debe ser productivo consistente y reiterada. No se pueden tener cinco días de productividad en el valle y dos días de alta productividad en una semana determinada. Como mínimo, usted debe tener cinco días de alta productividad y dos días de productividad del valle en cualquier semana. Sin embargo, todos luchamos por ser altamente productivos en todo momento.

A veces, estamos en alerta de alta productividad. En otras ocasiones, algo destruye nuestro espíritu y nuestra productividad disminuye. O nos entregamos a uno de nuestros placeres preferidos, o nos topamos con uno de los escollos de la vida. Consecuentemente, nuestras relaciones, salud, carreras y finanzas sufren.

¿Cuál es la solución?

En primer lugar, debe identificar los impedimentos para su productividad. Ejemplos de tales obstáculos incluyen la incapacidad de concentrarse, la falta de concentración, la falta de habilidades para administrar el tiempo y la dilación. Si usted desea cambios positivos y significativos en su vida, debe aprender a superar estos impedimentos de manera consistente.

8. ¿Qué son los problemas de productividad?

Los Hacks son trucos, habilidades o atajos que pueden mejorar su productividad. Tenga en cuenta que no hay trucos de productividad; sólo hay múltiples soluciones para que podamos ser y seguir siendo productivos.

Aquí están los mejores cinco trucos:

9. 1. Concéntrese en las victorias pequeñas y rápidas

Tratar de hacer muchas cosas a la vez es un error común. Otro error habitual es enfrentarse a un gran proyecto de una sola vez. Si quiere hacer las cosas, empiece por dar pequeños pasos uno a la vez.

Divida su meta más importante en:

- Objetivos diarios
- Metas semanales
- Metas mensuales
- Metas trimestrales

- Metas anuales

Entonces, siempre pregúntese a sí mismo: "¿Cuál es ese paso que daré hoy que me acercará a mi meta final? " Concéntrese en las victorias pequeñas y rápidas; evite soñar con su gran objetivo.

Estas pequeñas y rápidas victorias le ayudarán a lograr su gran objetivo con el tiempo.

Ejemplo; gran objetivo: Convertirse en un autor autopublicado.

Como un libro típico tiene unas 300 páginas aproximadamente, se necesitan un poco más de 75.000 palabras (un promedio de 250 palabras por página) para las 300 páginas.

Desglose: convierta en un hábito escribir 400 palabras por día en lugar de pensar en la meta final (75.000 palabras). Empiece con 100 palabras hoy, y para el final de la próxima semana, debe haber escrito otras 1.000 palabras. Si continúa así, debe completar su libro de 300 páginas en un plazo de seis meses.

Esa es la magia que ocurre cuando se concentra en las victorias pequeñas y rápidas.

10. 2. No rompas la consistencia

Si usted está tratando de crear un hábito dentro de 21 días porque lo leyó o lo vio en alguna parte, está equivocado. La verdad es que se necesitan entre 18 y 254 días para crear un hábito. La clave para formar cualquier patrón es la consistencia. Un comienzo fuerte, pero darse por vencido demasiado pronto, es una de las razones principales por las que la mayoría de las personas son incapaces de crear hábitos que cambien sus vidas. Si usted cae en esta categoría, entonces, aplique el hackeo de productividad de Jerry Seinfeld. También es conocido como el hack de "no rompas la cadena".

He aquí un extracto de un artículo sobre el hacker Brad Isaac en el que Jerry Seinfeld explica este hacker:

"La mejor manera de ser el mejor cómico es crear mejores chistes. Escribir todos los días es la manera de crear mejores chistes. Utilice un sistema de calendario único como técnica de apalancamiento para presionarse a sí mismo a escribir. Obtenga un calendario de pared con un año entero en una página y cuélguelo donde pueda ser prominente. Luego, usa un marcador mágico rojo grande para poner una x roja grande sobre cada día que realices tu tarea. Usted debe tener una cadena después de unos días de práctica constante. La cadena seguirá creciendo, siempre y cuando se mantenga en ella. Después de unas pocas semanas de consistencia, se sentirá motivado para mantener la cadena en crecimiento. Por lo tanto, su única tarea es evitar romper la cadena."

Este hack es útil porque te ayuda a ser consistente con tu habilidad o talento.

Los tres pasos para empezar con este hacker:

Paso 1: Calcule su habilidad o apréndala. Usted puede elegir convertirse en un maestro en SEO, un programador muy solicitado o un comediante excepcional. Este es un paso vital; no se lo salte.

Paso 2: Ponga un calendario de un año en un lugar destacado de su casa, oficina o lugar de trabajo.

Paso 3: A medida que dedique tiempo a trabajar en esa habilidad, marque cada día con una x grande. Enfóquese en alargar la cadena. Su única tarea es evitar romper la cadena.

11. 3. Use un escritorio de pie
Sé que parece una locura, pero usar un escritorio de pie puede mejorar su enfoque y productividad hasta en un 46%. La nueva evidencia de la investigación de Texas A & M University sugiere que los empleados

que usan escritorios de pie son un 46% más productivos que los que usan las configuraciones tradicionales de escritorios sentados. Ahora, la mayoría de las oficinas de moda usan escritorios de pie. Además, FF Venture Capital descubrió que el resultado es un intercambio de ideas más activo. Es un hecho bien conocido Thomas Jefferson, y algunos otros individuos prominentes trabajaron en escritorios de pie durante la mayoría de los días de sus vidas.

Otros beneficios de trabajar en un escritorio de pie en casa o en el lugar de trabajo incluyen:

- Aumento de la productividad. No revisará su bandeja de entrada con demasiada frecuencia
- Reducción de calorías. Usar un escritorio de pie ejercita los músculos significativos de las piernas
- Mejor enfoque. Es normal sentir una sensación de urgencia al estar de pie. De esta manera, usted está más enfocado y podrá completar las tareas a tiempo.
- Mejoras en su salud digestiva. Un escritorio de pie le impide dormir en su escritorio. De esta manera, usted experimenta menos fatiga.

Cuando usted usa escritorios de pie, tiene poca o ninguna necesidad de hacer varias tareas a la vez, cambiar de sitio web, revisar el correo electrónico y distraerse de cualquier otra manera.

12. *Cómo empezar:*
- **Comience en ciclos pequeños.** En lugar de empezar a trabajar de pie durante horas. Comience con pequeños pasos. Empiece con 20 minutos por día, luego aumente este tiempo gradualmente hasta que pueda pasar el día de pie en un escritorio.
- **Utilice Pinterest** o sitios similares para obtener ideas creativas sobre la configuración de su escritorio de pie.

- **Tome descansos.** Evite la rigidez o la fatiga consumiendo una taza de café, practicando sentadillas o dando un pequeño paseo.

13. 4. Implementar la regla de los 2 minutos

Es sorprendente saber que se puede lograr mucho en dos minutos. La inclusión de tareas mundanas en una lista de tareas diarias es una de las razones por las que el 90% de las personas nunca realizan las tareas en sus listas de tareas. Por lo tanto, necesita un enfoque sistémico para abordar su lista de tareas pendientes. Ese enfoque sistémico es la regla de los dos minutos.

Al implementar la regla de los 2 minutos, usted se centra en las tareas esenciales y elimina las tareas sin importancia.

La regla de los 2 minutos se divide en dos partes:

- Comenzar y completar cualquier cosa que se pueda lograr en dos minutos
- Comenzar cualquier cosa que lleve más de dos minutos para lograr

14. Parte 1. Comenzar y completar cualquier cosa que se pueda lograr en dos minutos

No agregue esta tarea de 2 minutos a su lista de tareas pendientes, no la postergue y no la tercerice. Hágalo inmediatamente y olvídese de ello. Las tareas que encajan en un proyecto de 2 minutos incluyen limpiar el desorden, enviar ese correo electrónico, sacar la basura, tirar la ropa en la lavadora y lavar los platos inmediatamente después de la comida.

Con el tiempo, comenzará a descubrir más tareas de 2 minutos. Construya y mantenga la emoción en su día de trabajo marcando esta tarea de 2 minutos. Hay una sensación de logro que es sinónimo de hacer las cosas bien. Mediante la micro gestión de tareas sin importancia a través del principio de 2 minutos, puede gestionar sus listas de tareas diarias con mayor eficacia.

15. Parte 2. Comenzar cualquier cosa que lleve más de dos minutos para lograr

Si usted tiene tareas de 2 horas, 2 días, 2 semanas, o 2 meses, entonces, usted puede empezar a preguntarse cómo realizarlas en dos minutos. Cuando usted crea impulso al realizar una tarea de 2 minutos, se siente mejor equipado para realizar tareas más significativas. Esta es una de las razones principales por las que la regla de los 2 minutos es bastante potente.

Ejemplos de tareas que puede convertir en un proyecto de 2 minutos incluyen:

- "Corre tres millas", es ahora "Átame los zapatos para correr".
- "Doblar la ropa" se convierte en "Doblar un par de calcetines".
- "Estudiar para la clase" se convierte en "Abrir mis notas".
- "Haz 20 minutos de yoga" comienza con "Saca mi esterilla de yoga".
- "Leer antes de acostarse cada noche" se convierte en "Leer una página".

Usted establece la prioridad para pasar a tareas más significativas utilizando la regla de los 2 minutos para tomar medidas inmediatas sobre sus objetivos.

16. 5. Diversos hacks
1. Al navegar con Google Chrome
- **Fijar sitios web en el escritorio**

Si visita algunos sitios web con regularidad, fíjelos en su escritorio como aplicaciones. Para ello, abra el sitio web que desea anclar, vaya a Configuración de Chrome, más herramientas y, a continuación, haga clic en "crear acceso directo"."

- **Usa estos populares atajos de Chrome**
    - Ctrl+mayús+n: abrir una nueva ventana en modo incógnito
    - Ctrl+j: abrir "descargas recientes"
    - Mayús+esc: abre el administrador de tareas de Google Chrome
    - Alt+introducir: abrir URL en una nueva pestaña después de escribir la URL manualmente
    - Ctrl/mayús+f5: recarga la página actual mientras ignoras el contenido almacenado en caché

2. **Haga lo último cada noche pero lo primero que haga cada mañana**

Envíese un correo electrónico antes de dormir. Este correo electrónico debe contener sus tres objetivos principales para el día siguiente. Se trata de un hackeo de productividad que a menudo se pasa por alto, pero es sencillo.

La mayoría de las veces, usted puede haber olvidado lo que escribió, probablemente debido al estrés, el agotamiento o una buena noche de sueño.

CAPÍTULO 3 - UNA GUÍA PARA FIJAR METAS

Todo sobre la Teoría de la Motivación para Fijar Metas

Edwin Locke propuso la teoría de la motivación en los años sesenta. Esta teoría establece que el establecimiento de metas depende en gran medida del desempeño de las tareas. Dice que metas específicas y desafiantes con retroalimentación apropiada resultan en un mejor y más alto desempeño de las tareas.

Las metas indican y guían al empleado en la tarea a realizar y el número de esfuerzos necesarios para lograrlo.

La eficiencia de la meta depende del tipo y la calidad de la meta.

Imagine que tiene 40 libras de sobrepeso y necesita bajar el peso extra. Estas son algunas de las opciones que tiene para establecer la meta:

- "Quiero perder las libras anteriores el año que viene. Revisaré mi dieta y haré las recomendaciones apropiadas". Este objetivo no es específico y carece de claridad. Usted necesita especificar la cantidad de peso que desea perder dentro de ese período y los pasos particulares para perder ese peso extra.
- "Voy a perder dos libras a la semana en los próximos cuatro meses. Mi rutina de ejercicios será de 40 minutos por día, cinco días a la semana. Además, incluiré productos integrales, vegetales y tres porciones de frutas en mi dieta. Por último, no comeré nada durante el próximo mes. Entonces, sólo comeré fuera una vez por semana después del próximo mes". Se trata de un objetivo más específico y claramente definido que el anterior.

La motivación principal es la voluntad de trabajar para alcanzar el objetivo establecido. Las metas fáciles, generales y vagas son menos motivadoras que las metas claras, específicas y desafiantes.

Principios para fijar metas

Basándose en su investigación de 1968, el Dr. Edwin Locke publicó un artículo titulado *"Hacia una teoría de la motivación de las tareas y los incentivos"*. "En este artículo, demostró que un objetivo claramente definido con la retroalimentación adecuada motiva a las personas a alcanzar sus objetivos. También opinó que la emoción de alcanzar una meta es una motivación en sí misma y mejora el rendimiento. En resumen, Locke sugiere que tendemos a trabajar más duro para alcanzar metas específicas y desafiantes, especialmente en un ambiente de trabajo.

Años más tarde, el Dr. Gary Latham llevó a cabo su investigación de fijación de objetivos en un ambiente de trabajo. Al igual que Locke, su objetivo era establecer la correlación entre el establecimiento de objetivos y el rendimiento de los empleados en el lugar de trabajo.

En 1990, Locke y Latham publicaron conjuntamente su obra más famosa, *"A theory of goal setting & task performance.* "El trabajo publicado enfatiza la importancia de establecer una meta específica y desafiante. También desarrollaron cinco principios básicos responsables del éxito en el establecimiento de metas.

Las metas deberían:

- Ser claras. Un objetivo claramente definido es más alcanzable que uno mal definido. Las metas con un cronograma específico son generalmente las más efectivas.

- Sea desafiante. Una meta con un ligero nivel de dificultad le proporcionará la motivación para lograr la meta.
- Implique un nivel de compromiso. Cuando usted está comprometido con su meta, hará el esfuerzo necesario para alcanzarla. Además, ser responsable puede aumentar su nivel de compromiso hacia la meta. Una manera simple y efectiva de ser responsable es compartir su meta con un amigo, pariente o colega de confianza.
- Tenga una retroalimentación apropiada. Sin embargo, tiene que haber una retroalimentación adecuada para mejorar el desempeño hacia el logro de la siguiente meta. La retroalimentación es la herramienta para regular las dificultades de las metas, hacer aclaraciones y ganar reputación. En un ambiente de trabajo, la retroalimentación ayuda al empleado a estar más involucrado en el logro de la siguiente meta. Por lo tanto, se sienten más satisfechos con su trabajo.
- Incluya el tiempo para superar la curva de aprendizaje. Esto es especialmente cierto en el caso de proyectos complejos. Por lo tanto, tener el tiempo para dominar la curva de aprendizaje le da la mejor oportunidad de éxito.

Cuando los empleados se involucran en el establecimiento de la meta, son más receptivos a la meta y están más involucrados en el logro de la meta.

La teoría del establecimiento de metas hace dos suposiciones específicas:

Supuesto #1: Compromiso con la Meta

La teoría del establecimiento de metas asume que el individuo no abandonará la meta porque está totalmente comprometido con ella. Sin embargo, sólo se puede estar comprometido con una meta cuando:

- Es abierto, accesible y general.

- A usted no se le asigna la meta, pero es usted quien establece la meta
- Su meta establecida es consistente con las metas y la visión de su corporación.

Supuesto #2: Autosuficiencia

Esta es su autoconfianza y fe en el desempeño de la tarea. Su nivel de auto eficiencia determinará la cantidad de esfuerzo que aplicará cuando tenga problemas con cualquier aspecto del proyecto. Lo contrario también es cierto; si su nivel de auto eficiencia se vuelve demasiado bajo, usted puede incluso dejarlo antes de cumplir la tarea.

17. *Cómo aplicar la teoría del establecimiento de metas en su vida*

Considere cuidadosamente las metas que se ha fijado al tratar de mejorar un aspecto de su vida diaria. Asegúrese de que cada tarea obedezca los principios de fijación de metas discutidos anteriormente.

Asegúrese de fijar objetivos que sean adecuados a sus capacidades. Por ejemplo, usted podría ayudar a su hijo a tener éxito académicamente permitiéndole establecer la meta. Por ejemplo, suponga que quiere obtener el 100% en su próximo examen de inglés. No sólo está comprometida con este objetivo, sino que el objetivo también es claro y desafiante.

Ahora, sólo necesita discutir si la meta es alcanzable o no. Si normalmente saca Cs en las tareas de inglés, puede ser un mal objetivo lograr una puntuación perfecta en el siguiente intento. Luego, usted necesita desarrollar pasos específicos hacia el logro de la meta. También hay que tener en cuenta el tiempo necesario para alcanzar el objetivo y la complejidad que implica.

En última instancia, su objetivo podría ser: "Quiero una puntuación del 100% en mi examen de inglés. Comenzaré a practicar la escritura limpia y ordenada, luego, aprenderé a usar las palabras apropiadas. Mi padre me dará retroalimentación sobre cómo arreglar mis errores". Ahora, este es un plan específico para recibir retroalimentación adecuada porque es una meta clara y alcanzable, y ella tiene la motivación correcta para lograrlo. De acuerdo con la teoría de fijación de metas, tendrá un mejor desempeño en su próximo examen aunque no haya podido obtener el 100%.

La única limitación de la teoría de fijación de metas es que puede fallar cuando se carece de la habilidad y la competencia para realizar las acciones necesarias para alcanzar la meta.

Tenga en cuenta estos principios cuando quiera determinar sus objetivos (individuales o de equipo):

1. **Fijar objetivos claros y precisos**

Una meta clara es mensurable y carece de comprensión. El resultado deseado determinará la claridad del objetivo y cómo se medirá. Sinónimo del principio de fijación de objetivos SMART, los objetivos claros deben mejorar la comprensión de la tarea, hacer que los resultados sean mensurables y que el éxito sea inevitable. Considere cómo medirá los resultados. ¿Te emociona tu meta? ¿Es lo suficientemente desafiante? Cuando lo piensa, ¿siente la motivación para completarlo? Si usted respondió negativamente a cualquiera de estas preguntas, es posible que tenga que reconsiderar esta meta.

Meta clara:

- Implementar tecnología para reducir el tiempo de desarrollo de productos de 20 minutos a 15 minutos para finales de año.
- Quiero perder 15 libras en 2 meses

Objetivo poco claro:

- Disminuir el tiempo de desarrollo del producto
- Quiero perder peso

Cuando su meta es concreta y medible, alcanzarla se hace fácilmente posible, y usted puede seguir fácilmente su progreso.

2. Haga que sus metas sean un reto

*"Una meta que inspire tus esperanzas, libere su energía y ordene sus pensamientos lo hará feliz. "*Andrew Carnegie.

Para asegurarse de que tiene el grado adecuado de desafío, el establecimiento de objetivos desafiantes requiere un equilibrio considerable. Su motivación y rendimiento dependen de la simplicidad o dificultad para alcanzar la meta. Usted alcanza el nivel más alto de motivación cuando su meta se encuentra entre lo difícil y lo fácil.

La próxima vez que establezca metas, asegúrese de que sean alcanzables, desafiantes, pero realistas. Estas son algunas de las preguntas que puede hacerse al establecer sus metas:

- ¿Son realistas y alcanzables?
- ¿Proporcionan suficiente motivación?
- ¿Dan suficiente desafío?

Desafiante:

- Convertir un 65% más de prospectos a clientes en el tercer trimestre del año fiscal 2018-19 en comparación con el 45% del segundo trimestre del año fiscal 2018-19.
- Perder 40 libras en dos meses

Fácilmente alcanzable:

- Convertir un 1% más de prospectos a clientes en el tercer trimestre del año fiscal 2018-19 en comparación con el segundo trimestre del año fiscal 2018-19.
- Pierda 1 libra en un plazo de dos meses

Su meta debe ser lo suficientemente difícil como para que se sienta realizado.

3. Compromiso verdadero y genuino con sus objetivos

Usted debe entender completamente y estar de acuerdo con sus metas, ya sea que esté fijando la meta para usted mismo, sus empleados o sus compañeros de equipo antes de que pueda lograr dichas metas. En la mayoría de los casos, cuando se trabaja en equipo, es más probable que los compañeros de equipo trabajen más duro para alcanzar el objetivo, siempre y cuando hayan participado en el establecimiento de la meta. No debería tener ningún problema de motivación hasta que la meta se cumpla, siempre y cuando la meta sea alcanzable y consistente con las aspiraciones de todos sus compañeros de equipo.

Imagina las tareas que realiza a diario en el trabajo, cuáles son las que requieren más esfuerzo y cuáles realiza sin interés ni entusiasmo. Su motivación para lograr sus metas depende de su compromiso emocional con el objetivo.

Correcto: El director de proyecto y su equipo deciden el resultado esperado de una reunión en función del talento y las habilidades de cada compañero.

Incorrecto: El gestor de proyectos no tiene en cuenta el ancho de banda y las capacidades de su equipo antes de asignar objetivos a cada uno de ellos.

4. Obtener retroalimentación sobre su progreso

"El establecimiento de metas se vuelve enormemente efectivo cuando se tiene retroalimentación que muestra el progreso en relación con la meta prevista" - Prof. Edwin Locke

Una vez que haya elegido la meta correcta, debe obtener retroalimentación para determinar su nivel de progreso. Por lo tanto, usted puede decidir si ajustar la meta o ajustar su enfoque para alcanzarla. La retroalimentación puede ser autoevaluada, pero por lo general proviene de otras personas.

Correcto:

- Realizar comprobaciones semanales en el departamento de diseño para supervisar su progreso. Proporcione retroalimentación sobre si necesitan alterar el proceso o si están en camino.
- Ajustar la rutina de pérdida de peso después de perder una libra en dos semanas

Incorrecto:

- Establezca y olvídese de una tarea. Cuando se acerque la fecha límite, empiece a preocuparse por completar la tarea.
- Espere dos meses antes de hacer un seguimiento de los cambios.

Frecuentemente reserve tiempo para revisar sus metas y hacer un seguimiento de su progreso. De esta manera, usted está motivado continuamente a través del proceso de alcanzar su meta.

5. Simplificar tareas complejas

Tenga cuidado de no complicar sus metas. Cuando sus objetivos se vuelven demasiado complicados, esto afecta negativamente su motivación, productividad y moral. La mayoría de las personas se sienten abrumadas cuando las metas se vuelven muy complejas. Cuando usted tenga metas complejas, permita suficiente tiempo para aprender (cuando sea necesario), practicar y mejorar el desempeño hasta que se logre la meta. Cuando sea necesario, modifique la meta reevaluando su complejidad o dificultad. También puede dividir esas metas en subobjetivos más pequeños.

Tenga en cuenta que nada que valga la pena será fácil de lograr. Pero el uso de subtareas más simples y menos complicadas puede ayudarle a desglosar y superar las tareas de enormes proporciones.

Recuerde que *"el viaje de mil millas comienza con el primer paso"* - Lao Tzu

Correcto: Desglosar y distribuir las ventas objetivo entre todos los vendedores, dependiendo de sus habilidades. De este modo, el objetivo de ventas puede alcanzarse en su totalidad dentro de un período específico.

Incorrecto: Espere que un vendedor logre el objetivo de ventas completo dentro de un período específico.

Usted necesita seguir trabajando en el establecimiento de sus metas, como cualquier otro aspecto de su vida. Use los principios para implementar sus metas de vida y se sorprenderá de la grandeza que alcanzará.

15 de los mejores consejos para establecer metas efectivas

Usted tiene virtualmente garantizado el éxito cuando tiene claro el propósito de su vida. Usted puede determinar su visión, convertir sus deseos en metas alcanzables y actuar en consecuencia.

Mis experiencias pasadas me han enseñado que ser selectivo sobre mis metas de año nuevo, y pensar en maneras de lograrlas ha sido de gran ayuda. El establecimiento de objetivos es una forma comprobada de transformar resoluciones impresionantes en resultados reales. Las investigaciones demuestran que es más probable que alcancemos nuestras metas siempre y cuando sean mensurables.

Cuando haya terminado de leer esta sección, debería tener consejos comprobados que pueda usar para establecer sus metas con mayor eficiencia:

1. **Hazlo físico.** Anote o escriba sus metas y planes de acción en un papel. A medida que las escriba, se inclinará más a desarrollarlas. Por lo tanto, sus planes de acción no serán sólo un esbozo. Será una hoja de ruta detallada que puede seguir.
2. **La revisión regular es clave.** Usted debe asegurarse de revisar sus metas por lo menos una vez al mes, si no una vez a la semana. Puede programar una cita con usted mismo, con un miembro del equipo, con un colega de confianza o con un pariente para la revisión. Por lo tanto, usted puede hacer un seguimiento de su nivel de progreso fácilmente. Reviso mis metas anuales cada semana para asegurarme de que estoy en el camino correcto hacia mi meta.
3. **Desafíate a ti mismo sin ser estúpido.** Si bien es bueno elegir metas que lo entusiasmen y lo estiren, también debe asegurarse de que estas metas sean alcanzables. De esta manera, usted puede medir realmente su progreso durante un período específico. La idea es lograr las metas y tener algo valioso que se pueda celebrar al final del año. Si constantemente tienes metas inalcanzables o proyectos de elefantes blancos, empiezas a desarrollar un hábito de fracaso.
4. **Sea preciso con sus planes de acción.** Anote los pasos exactos que pueden ayudarle a lograr su meta. Por ejemplo, usted necesita mostrar su plan de negocios a inversionistas potenciales al iniciar un negocio antes de que puedan tomarle en serio.
5. **La calidad es siempre mejor que la cantidad.** En lugar de tener una larga lista de deseos de tareas que tal vez nunca llegue a cumplir, ¿por qué no tener tres o cuatro metas sólidas? Una vez que haya logrado las metas más importantes, puede agregar más metas más adelante.
6. **Sea específico.** Por ejemplo: crear un blog con 10.000 visitantes mensuales es más específico que crear un blog con miles de visitantes mensuales. Del mismo modo, "ganar 1.500

seguidores en Twitter" es más específico que "tener una fuerte presencia en los medios sociales".

7. **Los plazos son objetivos concretos.** Su plan de acción está incompleto sin un cronograma para alcanzar la meta. Divida su gran objetivo en subobjetivos más pequeños. Luego, fije fechas límite para estos subobjetivos hasta que logre la gran meta.

8. **La rendición de cuentas es importante.** Comparta sus metas con un amigo o un ser querido. Ellos le harán responsable de alcanzar su meta. La ley del compromiso establece que "Cuando decimos a otros lo que pretendemos lograr, tenemos una tendencia natural a permanecer comprometidos hasta que lo logremos". Por lo tanto, usted tiene el ímpetu necesario para tomar todos los pasos necesarios hasta que pueda alcanzar su meta.

9. **Hazlo obvio.** Pegue sus metas en lugares visibles. Este lugar puede ser el refrigerador de la puerta o el espejo del baño. Si lo coloca en un cajón, se olvidará de él y no le servirá de nada. La idea aquí es mantener la cima de la conciencia mental. Olvidará fácilmente lo que no está en su mente. Otra manera de mantener sus metas en lo más alto de la mente es leer sus metas todos los días.

10. **Mantenga la flexibilidad.** Cuando usted tenga que reducir, recalibrar o revisar para atender emergencias, asegúrese de que estos cambios lo hagan avanzar. Este es un beneficio de tener una revisión mensual de sus metas anuales.

11. **Ama y aprecia el proceso.** Los resultados que usted desea y el proceso de fijación de metas para alcanzar la meta son igualmente importantes. Si piensas constantemente en lo que aún no ha logrado, no apreciará el proceso o los subobjetivos que ya ha logrado. Cuando usted aprecia y honra la aventura, permanecerá positivo, seguro de sí mismo y motivado.

12. **Usa la regla del 5.** La regla de los 5 asegura que usted dé pasos diarios hacia el logro de sus metas. Identifique y lleve a cabo cinco pasos específicos que lo acercarán a su meta. Estos pasos

no tienen que ser grandes. Enviar un correo electrónico o hacer una llamada rápida está bien siempre y cuando sean relevantes para su objetivo. Pero descanse hasta que complete estos cinco pasos. Por lo tanto, usted tiene una estructura probada para maximizar su día y darle una claridad de lo que puede lograr diariamente. Si usted usa esta regla y se atiene a ella, puede progresar consistentemente sin agotarse. Cuando sea necesario, puede reducir sus objetivos o redondearlos.

13. **No descuide el cuidado personal.** Si usted está desnutrido, sobrecargado de trabajo o estresado, es posible que nunca logre sus metas. Si lo hace, puede que sufra de mala salud como resultado del estrés y el exceso de trabajo. Al alcanzar sus sueños, no descuide el cuidado personal. Su cuerpo se lo agradecerá, y usted preservará su salud y cordura.

14. **Llevar la cuenta.** ¿Por qué comprueba el marcador inmediatamente cuando sintonizas una emisora deportiva? Quiere saber qué equipo está ganando y cuánto tiempo tienen que aguantar. También debe mantener el puntaje con las metas que se ha fijado. Le sugiero que use un gráfico físico. Identifique la meta y describa los pasos que necesita para alcanzarla. Rastree su progreso y por cada éxito, recompénsese a sí mismo. El uso de gráficos visuales le mostrará que está evitando los atajos.

15. **Nunca se rinda.** Si no se da por vencido pero implementa los consejos anteriores, tendrá éxito y alcanzará sus objetivos aún más rápido.

8 razones comunes por las que las listas de tareas fallan

La mayoría de las personas que usan listas de cosas por hacer tienen dificultades para tachar todos los elementos de la lista para cuando se van a la cama por la noche. Ni siquiera las tareas completadas forman parte de las listas de tareas pendientes. Si las listas de cosas por hacer no funcionan para usted, parecen ser altamente ineficaces. Usted puede estar matando su productividad con sus listas de tareas. Esta sección revela por qué sus listas de tareas fallan y qué puede hacer al respecto.

1. Estás permitiendo vampiros de la energía

Estas son personas egocéntricas que agotan su energía sin considerar su tiempo y prioridades. Ellos son los que continuamente buscan su ayuda en una u otra tarea. La mayoría de las veces, estas son tareas que consumen mucho tiempo y que no son beneficiosas para usted ni para su lista de cosas por hacer.

Si el vampiro de la energía es un colega de trabajo, puede enviarle este sencillo mensaje. "Tengo una fecha límite muy ajustada, y desafortunadamente, no puedo ayudar en este momento." Si este colega sigue siendo persistente, envíele un mensaje similar al que se muestra a continuación: "Actualmente estoy trabajando en [indique su tarea actual aquí]. Pero puedo informar a mi supervisor y preguntarle cómo priorizar."

2. Estás escribiendo tu lista de cosas por hacer por la mañana.

Escriba su lista de cosas por hacer antes de irse a la cama. De esta manera, evitará desperdiciar su energizado mojo matutino para desarrollar sus tareas diarias. Un beneficio adicional de crear su lista de cosas por hacer antes de irse a la cama es que calma su mente. Los psiquiatras y psicólogos incluso recomiendan esta técnica para evitar la ansiedad. Mantenga alejados los pensamientos no deseados estableciendo un plan para las próximas 24 horas. No interrumpirá su sueño con pensamientos de "tiene una reunión de padres a las 2 pm" o "debe terminar el informe mañana a las 6 pm".

3. Su lista de cosas por hacer tiene demasiados elementos

De los 6.500 profesionales de LinkedIn, sólo el 11% de ellos terminan sus tareas al final del día. Cuando usted tiene demasiadas cosas en su lista de cosas por hacer, se está preparando para el fracaso. Además, se priva de la emoción del final del día de cumplir con su tarea diaria. Además, cuando su lista de cosas por hacer es demasiado, se vuelve muy desalentadora. Usted estará más inclinado a postergar ya que no sabrá por dónde empezar.

Elegir como máximo las tres tareas más importantes es una forma eficaz que he encontrado para mejorar mi productividad y gestionar mi tiempo correctamente. Sus tareas más importantes son mensurables, generativas, tienen significado cuando se completan, y lo mueven hacia el logro de sus metas.

4. *No se crea tiempo para distracciones urgentes*

Después de hacer todos los esfuerzos para entender y escribir sus prioridades. Un correo electrónico de un compañero de trabajo o una noticia de última hora es todo lo que se necesita para distraerse. Por lo tanto, usted está fuera de rumbo en el momento en que recibe su primer mensaje urgente a pesar de todos sus esfuerzos de productividad.

Una solución simple y efectiva es crear espacio en su agenda sin ninguna tarea. Por lo tanto, usted tiene espacio para acomodar las emergencias. Luego, en los días en que no hay emergencias, usted termina su día temprano y se toma el resto del día libre. También puede tomar medidas proactivas para evitar distracciones. Ajusta tu configuración de correo electrónico sólo para recibir mensajes de personas específicas, configure sus llamadas telefónicas a mensajes de voz y coloque su estado como "ocupado" en chats privados.

5. *Su lista de tareas pendientes carece de especificidad*

En una entrevista con Bloomberg Business, David Allen dijo: "Noventa y nueve por ciento de cada lista de cosas por hacer que he visto es una lista incompleta de cosas poco claras. Verá cosas como "banco", "doctor" o "mamá". Aunque estos pueden parecer buenos, necesita incluir un paso de acción con ellos." En lugar de `banco', usted debe escribir la tarea específica como `crear una nueva cuenta de ahorros en el banco'."

6. No está ordenando su lista de cosas por hacer

Después de identificar sus tres tareas más importantes del día, clasifique otras metas en:

- Una lista a largo plazo
- Una lista semanal.

Su lista a largo plazo debe contener su meta de 3 o 6 meses. Por ejemplo, "eliminar por completo todos los gastos innecesarios": la lista de tareas semanales para este objetivo de 6 meses sería: "Deja de comer fuera las próximas X semanas."

7. Su lista de tareas pendientes carece de una fecha límite

No hay diferencia entre una lista de deseos y una lista de tareas sin plazos. Los plazos nos inclinan hacia la acción. Cuando no hay plazos, le falta la motivación para actuar. Esta es una de las razones por las que su lista de cosas por hacer sigue creciendo sin terminar la mayoría de las tareas de la lista.

Cuando se establecen plazos, se priorizan las tareas o proyectos para completarlos dentro de un marco de tiempo específico. Recuerde la ley de Parkinson: *"El trabajo se expande para llenar el tiempo disponible para su finalización."* Debe asignar plazos a las posiciones pendientes. De lo contrario, no se sorprenda de que no pueda terminar la mayoría de las tareas.

8. No entiende por qué necesita una lista de cosas por hacer

Para la mayoría de las personas, cuando se les pregunta la base para crear una lista de tareas, su respuesta siempre es: "para hacer las cosas". Sin embargo, esa es la razón equivocada para crear una lista de tareas bien diseñada. El propósito principal de una lista de tareas es organizar y resaltar las tareas más importantes. Al escribirlas, obtendrá una visión panorámica de sus tareas más esenciales.

Una lista de tareas bien diseñada debería ayudarle a concentrarse en el trabajo correcto y evitar cualquier distracción. Su lista de tareas es una herramienta para hacer bien las cosas; no es una herramienta para hacer todo. Vuelva a leer el párrafo anterior hasta que entienda correctamente la diferencia. Cuando usted malinterpreta el papel de su lista de tareas, creará y usará una lista ineficaz. De este modo, en lugar de aumentar su productividad, termina restringiéndola.

Ahora usted tiene un enfoque de lista de cosas por hacer que puede hacer que su día en lugar de romperlo. Tenga en cuenta que debe escribir esta lista de tareas semanales y a largo plazo en una página separada de su diario.

CAPÍTULO 4 - LOS SECRETOS DE LA PRODUCTIVIDAD

Cómo priorizar cuando todo es importante

Usted no se encuentra solo; no todos tenemos tiempo suficiente para hacer todo lo que queremos hacer. Sin embargo, ¿todo en su lista de cosas por hacer son importantes (o se siente de esa manera)? Luego, es hora de que implemente cualquiera de las técnicas de priorización de esta sección. De esta manera, su lista de tareas puede ser más manejable y fácil de conquistar.

18. ¿Qué es una técnica de priorización?
¿Cuál de las 150 tareas de su lista de tareas es la más importante? La técnica de priorización le ayudará a responder correctamente a esta pregunta. Esta técnica le proporciona un método formal para evaluar la importancia de terminar cada tarea de su lista. Al implementar el proceso de priorización, usted puede tomar las decisiones correctas sobre el proyecto que necesita hacer. Pero elimine los que son menos urgentes e importantes. Incluso usted puede establecer un período para una tarea en particular.

Las técnicas de priorización resuelven dos cuestiones vitales:

Cuestión 1: ¿Siente usted que ha pasado todo el día realizando tareas urgentes para todos los que han buscado su ayuda? Luego, una lista de prioridades le ayudará a evitar asignaciones de pánico irrazonables de último minuto y a recuperar el control de su tiempo.

Cuestión nº 2: ¿Son tan importantes las convocatorias de reunión o los correos electrónicos entrantes? Nunca completará un trabajo importante cuando permita que otras personas creen su lista de tareas por usted a través de correos electrónicos entrantes y convocatorias de reunión. Cuando conoce las tareas específicas en las que debe centrarse y la razón para hacerlo, puede justificar fácilmente el retraso en responder a ese mensaje de correo electrónico o el rechazo de una invitación a una reunión.

Durante mi tiempo en un equipo de desarrollo de productos, a menudo utilizamos nuestra lista de prioridades para evitar distracciones y retrasos. Cuando las partes interesadas realizan solicitudes nuevas y urgentes, les mostramos la lista de prioridades. Luego, pregúntese: "¿Qué tarea se debe quitar para acomodar su nueva solicitud?" A menudo, una vez que ven la importancia de los otros temas de la lista, sus solicitudes urgentes se vuelven menos urgentes.

También puede usar esta técnica para manejar las prioridades con su familia, compañeros de trabajo y su jefe. También puede funcionar para esa parte de su cerebro que siempre está buscando nuevas ideas, dándote razones para postergar un trabajo valioso.

Utilice estas técnicas de priorización para centrarse en su trabajo más importante. Debe elegir la técnica de priorización correcta que tenga sentido y funcione para usted. Afortunadamente, usted puede encontrar un método que funcione a partir de cualquiera de estas técnicas de priorización:

1. *Matriz de prioridades*
Esta técnica implica la distribución de sus tareas en una matriz de 4 cajas. El eje y representa un valor, mientras que el eje x representa otro. Luego, cada cuadrante representa una prioridad definida por los valores.

La imagen de abajo ilustra esta técnica.

Administración del tiempo

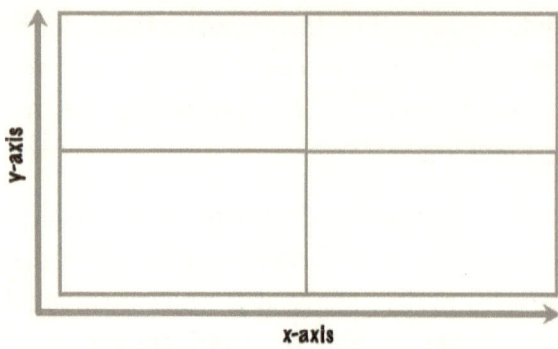

La matriz de Eisenhower es un ejemplo famoso de una matriz prioritaria. En esta matriz, la urgencia es el valor del eje x, mientras que la importancia es el valor del eje y. Utilice la urgencia y la importancia para evaluar las tareas, antes de colocar cada tarea en el cuadrante correcto. Por lo tanto, la matriz de Eisenhower se parece a la imagen de abajo:

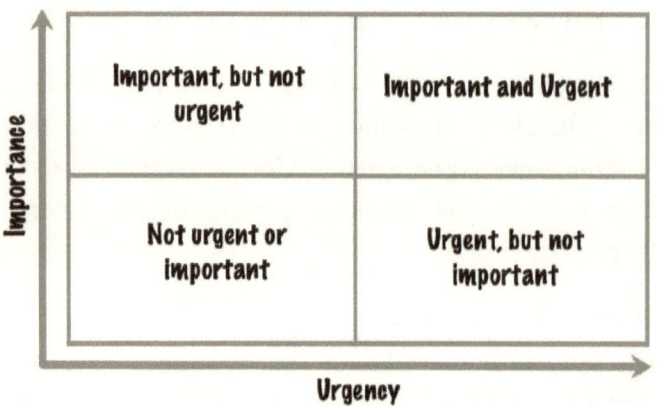

Después de colocar cada tarea en su cuadrante adecuado, puede determinar lo que necesita eliminar de su lista. También puede descubrir lo que necesita delegar, en lo que necesita trabajar más tarde y en lo que necesita trabajar ahora.

Tenga en cuenta que puede utilizar cualquier valor que tenga sentido para usted como sus valores de los ejes x e y en la matriz de prioridades.

Administración del tiempo

Aquí hay dos ejemplos adicionales:

a. **Matriz de esfuerzo-impacto**

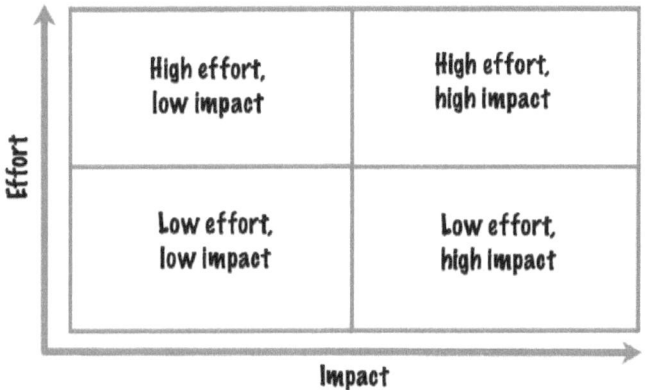

En esta matriz, se evalúan las tareas en función del esfuerzo que se va a realizar para completarlas y el impacto de completarlas. Sus prioridades son las tareas en los dos cuadrantes de la derecha. Dado que las tareas de "bajo esfuerzo, alto impacto" representan ganancias rápidas; es probable que sean sus prioridades más importantes.

b. **Matriz valor-coste**

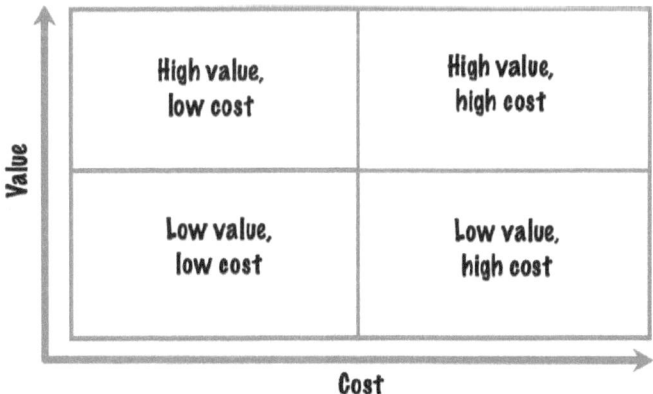

En esta matriz, sus prioridades son los dos cuadrantes superiores. Sus ganancias rápidas son las tareas de "alto valor, bajo costo", pero debe evitar ejecutar tareas de "bajo valor, alto costo". Si la matriz de prioridad resuena con usted, puede construir sus matrices en una hoja de cálculo, en papel, utilizar la aplicación de matriz de prioridad o la aplicación de matriz de Eisenhower gratuita.

2. *MoSCoW (se pronuncia como la capital de Rusia)*

En esta sencilla técnica de priorización, usted categoriza cada tarea de su lista de tareas en cuatro:

- Las tareas de M deben hacerse: Tareas muy importantes
- Las tareas de la escuela deben ser realizadas: Aunque son de menor prioridad que las tareas m, las tareas s son cosas que usted debe hacer
- Las tareas C pueden hacerse: Estas son tareas que te gustaría hacer. Sin embargo, si no lo haces, no importará en absoluto.
- Las tareas W... no funcionan: Estas son tareas que no valen la pena en absoluto.

Cómo utilizar esta técnica

Utilice el MoSCoW para categorizar cada tarea. El orden de prioridad de sus tareas debe ser M, S y C. Elimine sus tareas W.

Luego, comience a trabajar en su lista de arriba hacia abajo, y puede estar seguro de que está trabajando en sus tareas de mayor prioridad.

Trello o cualquier otra aplicación Kanban (disponible en tiendas Android e iTunes) es muy útil para el método MoSCoW. Especifique el orden de cada tarea arrastrándola y soltándola dentro de las listas.

Para obtener resultados óptimos con el método MoSCoW, asegúrese de añadir todas sus tareas a una lista maestra antes de categorizarlas. Utilice un zap (un flujo de trabajo Zapier automatizado) para hacer esta adición; automatiza el movimiento de sus mini-proyectos desde Slack y su bandeja de entrada de correo electrónico a su lista de tareas pendientes.

3. ABCDE

Una de las principales desventajas de la técnica MoSCoW es que no se puede utilizar para la delegación de tareas. La mejor alternativa es utilizar el método ABCDE de Brian Tracy (detalles en su libro "Eat The Frog"). El método ABCDE es similar al método MoSCoW.

- Las tareas A son las tareas M en el método MoSCoW - hágalas
- Las tareas B son las tareas s del método MoSCoW
- Las tareas C son las tareas c del método MoSCoW
- Las tareas D son tareas que debe automatizar o delegar - esta es la diferencia
- Las tareas E son las tareas w del método MoSCoW - borrarlas

Utilice la prioridad de cada proyecto para asignarle una letra. Al delegar las tareas D y eliminar las tareas E, puede centrarse en las tareas A, B y C, las más importantes.

También puede utilizar aplicaciones Kanban para esta técnica. Su lista maestra debe incluir sub-listas con tareas A, B, C, D y E. Arrastre y suelte tareas en la categoría correcta de la lista principal y, a continuación, comience con sus tareas A.

4. Priorización Ágil

Este método de priorización, también conocido como priorización de scrum, se basa en ordenar sus tareas. Si tiene 15 tareas pendientes en su lista de tareas, utilice prioridad y secuencia para organizar los mini proyectos de 1 a 15. La priorización de Scrum es altamente efectiva cuando la serie es altamente esencial. Por ejemplo, asumiendo que su tarea más importante es reponer el piso de su baño, pero también tienen que hacer funcionar tuberías nuevas. Aunque la instalación de tuberías nuevas es una prioridad menor, primero debe ser completada porque afectará su tarea más importante: volver a arar el piso.

Existen tres criterios para evaluar la tarea en la priorización de scrum:

- La importancia del proyecto
- La importancia del proyecto en relación con otras tareas
- Otros proyectos que pueden afectar esta tarea

Asigne a cada uno de estos criterios un número de 1 a N (N = número total de elementos de su lista). Cada artículo debe tener un número único. No hay dos tareas que puedan ser #1. Aunque la priorización de scrum puede combinarse con las técnicas MoSCoW y ABCDE, también es útil por sí sola. Considere la interdependencia de las tareas entre sí antes de clasificarlas por prioridad. Luego, colóquelas en orden de finalización.

Cualquier aplicación de lista de tareas arrastrada y soltada es adecuada para la priorización de scrum. Pero para mayor eficiencia, en lugar de usar herramientas de arrastrar y soltar, puede usar Yodiz (una herramienta específica de scrum) para asignar números a cada tarea. Yodiz tiene un plan gratuito.

5. *Clasificación de burbujas*

Vamos a reformular el criterio #2 de la técnica de priorización del scrum para "¿qué tan importante es una tarea en relación con otras tareas?" La clasificación por burbujas es una técnica que compara la importancia de las tareas entre sí. Por lo tanto, es una técnica útil para responder a la pregunta anterior. El primer paso para usar esta técnica es organizar todos los elementos que tiene que hacer en una cuadrícula horizontal:

| Task 1 | Task 2 | Task 3 | Task 4 | Task 5 | Task 6 |

El siguiente paso es comparar las dos primeras tareas e identificar la más importante. Luego, mueva el elemento más crítico a la parte superior izquierda. Usando la imagen de arriba, asumir la tarea 2 es más importante que el ítem 1, entonces, se convierte en la primera tarea de la cuadrícula horizontal.

Continúe comparando las dos tareas más cercanas hasta que agote la lista de tareas utilizando la pregunta anterior como base para reorganizar el orden de los artículos.

Después de reordenar la lista completamente, su prioridad menos importante es ahora la extrema derecha, mientras que su prioridad más importante es ahora la extrema izquierda.

A continuación se muestra un ejemplo de una lista completamente reordenada en orden de prioridad:

| Task 2 | Task 1 | Task 6 | Task 4 | Task 3 | Task 5 |

Aunque no hay herramientas específicas adecuadas para esta técnica, cualquier aplicación de gestión de proyectos apropiada para la priorización de arrastrar y soltar puede funcionar eficazmente. Pero en lugar de trabajar en tareas de izquierda a derecha, se trabaja en ellas de arriba a abajo.

6. La Técnica 1-3-9

Esta técnica le permite priorizar tareas urgentes pero menos importantes. Cada día usted debe completar 13 tareas:

- Nueve artículos de baja importancia
- Tres tareas un tanto importantes
- Una tarea crucial

Primero, trabaje y complete sus tareas, luego, sus tres tareas y por último, sus nueve tareas. El método 1-3-9 le ayuda a trabajar en las tareas más importantes de las menos importantes.

7. Dos listas

Esta técnica se atribuye a Warren Buffet. Así es como funciona: escriba 25 tareas por hacer, luego, marque con un círculo los cinco elementos principales de esta lista. A continuación, agrupe estas tareas en dos extensas listas. La primera lista que contiene las cinco tareas que marcó con un círculo es ahora su lista de tareas pendientes. La segunda lista, que incluye los otros 20 elementos, es ahora la lista de cosas que no debes hacer. Complete sus cinco tareas antes de pasar tiempo en su lista de cosas por hacer. Aunque esta técnica se puede realizar con cualquier aplicación que le permita mover tareas entre listas, es una técnica diseñada para ser realizada en papel.

19. Cómo elegir la técnica de priorización más adecuada

El objetivo de estas técnicas de priorización es el mismo: ayudarle a trabajar en sus tareas de mayor prioridad. Por lo tanto, no importa si usted usa una técnica, múltiples técnicas o si combina partes de las diferentes técnicas. Debe asegurarse de que la técnica que elija tenga sentido, se sienta natural y sea adecuada para usted.

La técnica para hacer que sus metas sean alcanzables

En estos días, nos vemos empujados en muchas direcciones de nuestra vida personal y profesional que la idea de la libertad se convierte en una ilusión. Pero imagine:

- Usted puede aportar una mayor eficiencia a su vida
- Usted puede concentrarse en lograr sus metas en lugar de tratar de lograr un número infinito de tareas en sus listas de tareas.

Imagine el tiempo libre que se abrirá en su vida y el cambio positivo en la calidad de su vida. Este deseo de crear tiempo libre es la base del método de planificación rápida (RPM). Además de ser un sistema de gestión del tiempo, RPM le ayuda a centrarse en aspectos críticos que pueden ayudarle a organizar su vida de forma más eficiente. Así, usted puede maximizar su sentido de realización, alegría y optimizar los resultados deseados. La suposición es que usted está más impulsado a tomar acciones que lo lleven al éxito cuanto tiene propósitos claros que impulsen sus acciones. El Chunking (una forma altamente eficiente de maximizar su día) es uno de los componentes centrales de las RPM.

20. ¿Qué es Chunking?

Chunking significa organizar la información en piezas del tamaño de un bit para producir el resultado deseado sin paradas ni tensiones. Una fuente de estrés en nuestras vidas es que no contar con suficiente tiempo para hacer un número infinito de cosas por nuestras vidas. Esta fuerte emoción por hacer las cosas lleva a la creación de listas de tareas. Pero un gran número de artículos en la lista puede llevar a la frustración. Por lo tanto, ni siquiera abordaremos ningún proyecto de nuestra lista.

Basado en mi experiencia, tres métodos de fragmentación han sido los más efectivos:

- Rebajar por cantidad
- Se redujo para el momento en que
- Reducido por pasos procesables

1. Rebajar por cantidad

Esto significa fijar una cuota. Si usted es un escritor, puede establecer una cuota para su escritura. Por ejemplo, puede escribir un máximo de 3 páginas por día hasta que complete su novela.

Alternativamente, su cuota puede ser un recuento de palabras. Un ejemplo es el desafío del mes de la novela nacional. Si usted es un participante, se le pedirá que escriba 1,667 palabras por día, y al final del mes, usted habrá completado un libro de 50,000 palabras.

Aquí hay otros tres ejemplos de cómo reducir una meta por cantidad:

- Golpea 300 pelotas al día para mejorar su habilidad en tenis.
- Aprende diez palabras de francés al día durante 100 días para mejorar su fluidez en francés.
- Haga un dibujo al día durante un año para mejorar su fluidez en el dibujo.

2. Se redujo para el momento en que

Hace un tiempo, tenía sobrepeso porque estaba tomando malas decisiones alimenticias, comiendo mucho fuera de casa y no estaba haciendo ejercicio. Después de elegir bajar de peso, mi nutricionista y yo desarrollamos un plan para perder 30 libras en tres meses. Me proporcionó un menú de qué comer durante este mes. También me dijeron que caminara una hora diaria.

Caminar una hora al día se convirtió en un componente significativo para reducir mi meta. Por lo tanto, usé el tiempo para reducir mi meta de perder peso.

Aquí hay algunas otras metas que se pueden reducir con el tiempo:

- Ordenar durante 10 minutos diarios para ser organizados
- Practicar el piano durante 40 minutos diarios para convertirse en un maestro pianista.
- Meditar durante 15 minutos diarios para controlar el estrés

Sin embargo, pasar una hora al día para lograr mis metas importantes sigue siendo mi forma favorita de reducir mis metas.

3. Reducido por pasos procesables

Al crear una lista de pasos procesables, usted puede reducir una meta que no está seguro de poder alcanzar. Meta, subobjetivos y pasos a seguir son tres términos que utilizaríamos para describir este método.

Por definición,

- Los objetivos son el objetivo que se pretende alcanzar
- Los subobjetivos son los hitos para alcanzar los objetivos
- Los pasos por seguir son las tareas individuales para lograr cada subobjetivo.

Asumiendo que usted tiene la intención de "crear un video curso", pero nunca ha creado un curso o hecho videos. Su primer paso es establecer una fecha límite para la creación del video curso. Usemos un plazo de 6 meses (180 días). Luego, abra Excel y cree 180 espacios (un espacio por cada día); esta es su lista de pasos a seguir.

Ahora, cree diez subobjetivos para lograr su gran objetivo. Cada vez que necesites ayuda para crear los subobjetivos, puedes hacerlo:

- hable con un experto en creación de cursos de vídeo,
- leer un libro sobre ello,
- ver algunos videos de YouTube, o realizar investigaciones en línea.

Para nuestro ejemplo de creación de cursos en video, aquí hay diez subobjetivos para lograr este objetivo:

- Equipamiento adecuado
- Aprender a usar el equipo
- Desarrollo del título del curso
- Valide su idea de título
- Desarrolle su esquema
- Desarrollar el guion
- Diseñar las diapositivas
- Comienza a grabar los videos
- Edite sus vídeos (le recomiendo que los subcontrate)
- Inicie su curso

Para facilitar las cosas, supongamos que cada subobjetivo tiene un plazo de 18 días (es decir, 180 días (el plazo total) dividido por 10 (el número de subobjetivos)). Por lo tanto, necesitamos 18 medidas prácticas para alcanzar cada subobjetivo.

Puede utilizar la siguiente guía para crear sus pasos a seguir.

Paso práctico para cada día:

- Uno: lo que puede hacer de inmediato para empezar
- Dos: la siguiente acción física a tomar
- Repita los pasos anteriores hasta que tenga pasos procesables para completar su primera submeta.

Si usted completa una submeta en menos de 18 días, pase a la siguiente submeta. Luego, continúe hasta que logre su objetivo. A medida que escriba los pasos a seguir, hágase esta pregunta: "¿Soy capaz de dar el paso inmediatamente?" Si su respuesta es "sí", entonces incluya este paso procesable. De lo contrario, desglose este paso más adelante.

También puede utilizar la técnica CRUMBBB, un acrónimo de "unidad claramente realizable que es un componente importante". Realizable significa que usted puede tomar acción inmediatamente, mientras que Significativo significa que lo acerca para completar su meta. Puede leer más sobre el método CRUMBBB en un libro titulado "dominar el momento" escrito por el autor de best-sellers, Pat Brans.

Use cualquiera de los tres métodos para reducir sus metas. Dividiendo sus metas y abordándolas en trozos pequeños, usted puede ahorrar tiempo y alcanzar sus metas fácilmente.

5 de los mayores asesinos de la productividad y cómo superarlos

Todos aspiramos a ser buenos administradores del tiempo y a alcanzar altos niveles de productividad. Sin embargo, experimentamos varios obstáculos y distracciones que nos impiden alcanzar las metas antes de que podamos siquiera pensar en superarlas.

En esta sección del capítulo, descubrirá las grandes pérdidas de tiempo y los principales asesinos de la productividad.

1. Negocios

Las actividades en esta categoría incluyen convocar reuniones innecesarias, hacer llamadas telefónicas innecesarias, organizar el correo electrónico y limpiar el escritorio. La mayoría de la gente se da el gusto de trabajar en exceso por el hecho de estar ocupada. Cuando usted se da el gusto de realizar estas actividades no sustanciales, no es productivo.

Cómo superar: reservar una hora al día para delegar todas estas tareas. Entonces, usted puede enfocarse fácilmente en su lista de artículos de alta prioridad.

2. Planificación excesiva

Con la planificación, usted está seguro de que no se perderá ninguna cosa importante. Usted ya conoce sus próximas acciones, y puede enfocarse en sus metas con su lista de tareas. Sin embargo, en lugar de hacer ningún trabajo real, es mucho más fácil dedicar tiempo a actualizar y organizar su calendario.

Cómo superar: reservar un día cada 21 días para revisar las tareas pendientes. Además, dedique 15 minutos cada mañana para revisar el desempeño del día anterior y actualizar sus metas para el día. Las aplicaciones Evernote y Day One son muy útiles para este propósito.

3. Menos sueño

Uno de los mayores asesinos de la productividad es dormir menos y quedarse despierto hasta tarde. Cuando usted duerme menos, hace las cosas lentamente porque es difícil para usted ponerse en movimiento. Por lo tanto, usted se vuelve adicto al café antes de que pueda tener un día productivo.

Si bien puede no ser necesario dormir ocho horas completas, asegúrese de dormir lo suficiente para que sea productivo durante el día. Por lo tanto, se evita depender de sustancias químicas que pueden plantear un problema grave de salud en un futuro próximo.

4. *Buzón de entrada de correo electrónico*

El correo electrónico es altamente adictivo, y es el mayor succionador de tiempo en la vida personal o de negocios. Peor aún, no podrá hacer ningún trabajo. Cuando usted envía un correo electrónico a un cliente o colega y discute sobre el trabajo, no está tratando sus problemas, sino ayudando a otros a resolver sus problemas.

3 maneras simples y efectivas de superar la sobrecarga del correo electrónico:

1. Revise su correo electrónico tres veces al día. Esto puede ser una hora antes de llegar al trabajo, después del almuerzo y justo antes de dormir. Por lo tanto, puede estar seguro de que no se está perdiendo nada.
2. Usa Boomerang para Gmail para programar respuestas y configurar recordatorios para hacer un seguimiento de los correos electrónicos enviados. Así, usted tiene el control de su tiempo porque puede enviar todas sus respuestas a la vez.
3. No escriba más de un párrafo de respuesta a su correo electrónico. Una opción mejor y más efectiva es hacer una llamada rápida, luego, escribir un correo electrónico corto para que actúe como el rastro de papel.

Cuando implementé esta técnica, pasé menos de una hora en correos electrónicos en lugar de dos horas. Rastreé mi tiempo usando RescueTime,

5. *Multitarea*

La multitarea significa cambiar de tarea constantemente. Como humanos, nuestros cerebros no pueden manejar varias tareas complejas simultáneamente. Cuando Realice varias tareas a la vez, usted es menor productivo porque produce poco trabajo de calidad, comete más errores y, a veces, pierde más dinero.

Cómo vencer: Vuelva a leer las secciones anteriores de este capítulo.

CAPÍTULO 5 - LIDIANDO CON LAS DISTRACCIONES

La diferencia entre distracciones internas y externas

Antes de diferenciar entre distracciones internas y externas, he aquí una explicación sobre cada una de ellas.

21. Distracciones internas

Las distracciones internas se generan a partir de nuestra propia imagen y percepciones; vienen de nuestro interior. Usted está experimentando distracciones internas cada vez que su plan del día se retrasa o se obstaculiza por sus pensamientos o autopercepciones. El ego negativo rebelde (especialmente, la falta de autoaceptación, la falta de amor propio, o ambos) es generalmente la causa principal de las distracciones internas. Implica su deseo de tener el control para cambiar a otros o hacer cambios específicos sobre usted mismo. Estos pensamientos eventualmente se convierten en una lucha interna autoimpuesta, que conduce a la frustración.

En comparación con las distracciones internas, es más fácil superar las distracciones externas. Usted necesita tener el control de su mente para superar las distracciones internas. Es decir, debe ser mentalmente disciplinado. Cuando usted tiene muchas cosas en su mente, será menos productivo. Por ejemplo, tendrá dificultades para concentrarse cuando tenga un problema de salud, esté deshidratado o no haya dormido lo suficiente. Además, si usted está experimentando algunos desafíos en su relación, tendrá dificultades para concentrarse.

Y lo que es más importante, las distracciones internas le impiden hacer un trabajo real. Cuando no tiene un propósito o una misión, no hará nada. Si usted no pasa suficiente tiempo para considerar sus metas reales (ya sean a largo o corto plazo), no hará nada. Usted debe pasar el tiempo para planear su semana y días, luego, comprometerse a hacer lo que lo acerque más a sus metas.

Así, evitará sentarse en un modo reactivo, esperando que alguien le provea de lo que vendrá o que el mundo trabaje para usted. De esta manera, usted puede administrar su tiempo adecuadamente y ser verdaderamente productivo. Cuando usted experimenta distracciones internas (lo cual está destinado a suceder), debe dejarlas para su debido tiempo. De lo contrario, no se concentrará en ser productivo con su tiempo.

22. Distracciones externas

Hay muchas distracciones externas que pueden afectar negativamente su enfoque. Necesita prestar atención a algunas de estas distracciones porque son vitales.

Ejemplos;

- Su hijo necesita que lo lleven a casa porque se reportó enfermo en la escuela.
- Su mejor cliente necesita su atención porque está luchando con un reto severo.

Aunque estas distracciones externas pueden ocurrir y ocurren, no son lo suficientemente frecuentes como para afectar su productividad. Sin embargo, la mayoría de las distracciones externas no deberían llamar su atención porque no son tan importantes. Ejemplos de distracciones externas sin importancia incluyen innumerables novedades y trivialidades en Internet o conversaciones sobre los muertos que caminan, juegos de tronos o cualquier otro programa de televisión popular.

Generalmente, todo lo demás que usted puede usar como excusa para no planear o ejecutar su plan es una distracción externa.

Si eres lo suficientemente disciplinado y considerado, puedes apagarte, apagarte y evitar las distracciones externas.

Más adelante en este capítulo descubrirá formas comprobadas de eliminar las distracciones externas.

Tipos de Distracciones Internas

En esta sección, usted descubrirá los tipos de distracciones internas que existen. El énfasis usual es eliminar las distracciones, pero usted necesita saber los tipos de distracciones internas antes de poder prevenirlas o deshacerse de ellas. Conocer los tipos lo ayudará a darse cuenta de su tipo de distracción interna y la mejor manera de eliminarla.

23. Tipo 1: Autoduda

La inseguridad (y no la falta de talento) es el mayor asesino de los sueños. Usted puede convertir sus dudas en una predicción autocumplida cuando crea cosas como:

"No puedo competir con otros negocios" o

"Nunca me ascenderán".

Independientemente de su confianza, hay momentos en los que va a experimentar un poco de duda de sí mismo. Nos pasa a todos. Sin embargo, usted debe estar mentalmente sano para evitar la duda de sí mismo para que pueda alcanzar sus metas.

La duda te hace perder la confianza en ti mismo. La duda puede hacer que renuncie antes de alcanzar su meta. Esta es una distracción significativa. Aumentar su autoestima es la mejor manera de deshacerse de esta distracción interna. Algunas de las maneras en que usted puede mejorar su autoestima son:

Administración del tiempo

1. Mantenerse centrados en el presente

Por ejemplo, estás corriendo en un campo de atletismo o en un escenario, pero dentro de ti, estás pensando: "Me avergonzaré a mí mismo". Este pensamiento afectará negativamente su rendimiento. En lugar de permitir que su monólogo interior lo arrastre hacia abajo, concéntrese en el presente. Recuerde que no necesita esforzarse por alcanzar la perfección; sólo necesitas hacer lo mejor que pueda. De esta manera, usted puede verter toda su energía para lograr un mejor rendimiento.

2. Controle sus emociones

Sus pensamientos y acciones dependen en gran medida de sus emociones. A menos que usted tome medidas proactivas para controlar sus emociones, los sentimientos de ansiedad pueden desencadenar pensamientos dudosos y estropear su desempeño.

Controle la influencia de sus emociones en sus elecciones. Controle su ansiedad y calme su mente distrayéndose con tareas mundanas, dando un paseo o respirando profundamente. No ceda, se dé por vencido ni se retire a causa de su incomodidad a corto plazo.

3. Pregúntese:"¿Qué es lo peor que puede pasar?"

Las predicciones alocadas como "voy a estropearlo todo" pueden hacerlo dudar. Cuando estos pensamientos dudosos empiezan a aparecer, considere el peor de los casos. Si comete un error, ¿qué tan graves serían las consecuencias de su error? La verdad es que no es probable que cualquier error altere la vida. No conseguir un ascenso, tropezar con tus líneas o perder un juego no será tan relevante en unos pocos años. Por lo tanto, calme sus nervios manteniendo las cosas en la perspectiva adecuada.

4. Considere la evidencia que apoya sus pensamientos distractores

Pregúntese: "¿Cuál es la prueba de que no puedo o puedo hacer esto?" Su respuesta a esta pregunta le dará una perspectiva realista. Aunque esta técnica no eliminará todas sus dudas, las reducirá significativamente.

5. No se preocupe por un poco de dudas sobre usted.
Según un estudio de 2010 publicado en la revista Psychology of Sport And Exercise, una ligera inseguridad puede conducir a un mejor rendimiento. Cuando sepa que las cosas pueden no ir de acuerdo con el plan, cree unos minutos para planificar cómo puede mejorar. Estos pocos minutos de planificación le ayudarán, a largo plazo, a utilizar su tiempo correctamente. La confianza en uno mismo sigue siendo la mejor manera de eliminar las auto distracciones.

24. Tipo 2: Pensamiento excesivo y pensamientos angustiosos
Si le preocupa cómo va a tener éxito mañana o se castiga por un error que cometió un día anterior. Entonces, usted está sufriendo de pensamientos angustiosos. Por lo tanto, se encuentra en constante estado de angustia, incapaz de pensar en otra cosa.

Aunque todos pensamos demasiado de vez en cuando, no debería ser demasiado constante. Dos de los patrones de pensamiento destructivos en este monólogo interno son preocupantes y rumiantes.

Reflexionar implica repasar acciones anteriores. Ejemplos de pensamientos reflexivos incluyen:

- Hablé demasiado pronto en la reunión de hoy. Me di cuenta por sus ojos que pensaban que yo era un idiota.
- Fui una estúpida al dejar mi antiguo trabajo. Si me hubiera quedado, habría sido más feliz.
- Mis padres tenían razón. No llegaré a nada.

Preocuparse implica predicciones negativas sobre su futuro. Los ejemplos incluyen

- Mi presentación de mañana será vergonzosa. Todos llegarán a la conclusión de que no soy competente porque mis manos temblarán y mi cara se pondrá roja durante toda la presentación.
- No importa lo que haga, mi ascenso nunca ocurrirá.
- Ya no soy lo suficientemente bueno para mi cónyuge. Se divorciará de mí y encontrará a alguien más.
- Debo ayudar a Edward con su tarea y destruir mi plan de manejo de tiempo para el día porque Edward me ayudó durante mi tarea anterior.

A veces, los pensamientos angustiosos pueden ser en forma de imaginaciones negativas, como imaginar que su auto se desvía de la carretera. Pensar demasiado todo le impide realizar cualquier actividad productiva.

Efectos de pensar demasiado

Pensar demasiado puede tener un impacto negativo severo en su bienestar.

La evidencia de una investigación del NCBI sugiere que usted es más susceptible a los problemas de salud mental cuando se concentra en sus problemas, errores o deficiencias. Su tendencia a rumiar aumenta a medida que su salud mental declina, lo que lleva a un círculo vicioso que tal vez nunca rompa.

Otro estudio también mostró que la angustia emocional severa podría ser el resultado de pensar demasiado. Cuando no puede dormir incluso después de cerrar su mente, entonces, sabe que es un pensador excesivo. Con menos horas de sueño y una calidad de sueño más reducida, el manejo de su tiempo para el día siguiente será completamente deficiente porque usted deseará más descanso.

25. Tipo 3: Síndrome del objeto brillante

El síndrome del objeto brillante implica la distracción a través de nuevos productos, herramientas e ideas. Estos 'brillantes objetos' parecen más divertidos y emocionantes que sus proyectos actuales. A veces, usted puede incluso pensar que este nuevo proyecto tiene más perspectivas que el proyecto en el que está trabajando en este momento.

Si usted puede relacionarse con cualquiera de lo siguiente, entonces, usted está sufriendo del síndrome de objeto brillante:

- En lugar de completar lo que está haciendo actualmente, salta continuamente de una meta a otra.
- Usted está fascinado por los reclamos salvajes de varios e-courses. De esta manera, se salta a otro curso electrónico sin implementar lo que se aprende en el anterior.
- En lugar de ejecutar una de sus ideas de negocio, usted sigue compilando una lista de ideas de negocio.
- En lugar de construir lo básico, usted gasta demasiado tiempo en nuevas ideas y herramientas, el 95% de las cuales son ruido.

Una de las mejores maneras de superar el síndrome del objeto brillante es adquirir el hábito de completar una tarea antes de pasar a la siguiente. En la siguiente sección de este capítulo, descubrirá formas comprobadas de silenciar las distracciones internas.

13 maneras de silenciar las distracciones internas

En la sección anterior, discutimos los tipos de distracciones internas, pero no discutimos cómo detenerlas excepto el primer tipo de distracción. En esta sección, descubrirás cómo silenciar las distracciones internas de los tipos dos y tres. También encontrará otras maneras de silenciar las distracciones internas.

26. 4 maneras de dejar de pensar demasiado

Usted puede limitar sus patrones de pensamiento negativo con la práctica constante. Aquí están las seis maneras probadas de dejar de pensar demasiado:

1. Empieza a prestar atención a la forma en que piensa

El primer paso para poner fin al pensamiento excesivo es la conciencia. Cuando observas que usted repite eventos en su mente repetidamente, piense en el hecho consciente de que sus pensamientos no pueden cambiar el pasado.

2. Aprender a reconocer y reemplazar los errores de pensamiento

Ya que los pensamientos negativos pueden ser altamente exagerados, usted debe reconocerlos y reemplazarlos con pensamientos positivos. De lo contrario, usted puede asumir erróneamente que será despedido por llamar para avisar que está enfermo o que se quedará sin hogar porque se le olvida una fecha límite.

3. Enfoque en la solución del problema

Buscar soluciones es más útil que pensar en sus problemas. Deducir las lecciones de un error o desarrollar pasos para prevenir un problema futuro. Siempre pregúntese, ¿qué puedo hacer al respecto? En lugar de preguntar, ¿por qué sucedió esto?

4. Crear tiempo para reflexionar

Un poco de reflexión puede ayudarle a manejar su tiempo para el resto del día correctamente. A través de su meditación, usted debe identificar los posibles vacíos en su plan o lo que podría ser diferente para tener éxito. Su horario diario debe incluir 20 minutos de tiempo para pensar. Permita que su mente se desvíe excesivamente durante este tiempo. Luego, cuando hayan pasado los 20 minutos, pase a las tareas productivas. Cuando observe que ha comenzado a pensar demasiado fuera de su tiempo de pensamiento, recuérdese a sí mismo que lo pensará más tarde. Es posible que tenga que repetir este recordatorio más de una vez antes de que sea efectivo.

27. 5 consejos para superar el síndrome de los objetos brillantes
Es cuando usted está enfocado en poder manejar su tiempo satisfactoriamente y hacer las cosas. Pero es necesario evitar el síndrome del objeto brillante antes de poder concentrarse por completo. Aquí hay cinco consejos probados para superar el síndrome del objeto brillante:

1. **Aprender a diferenciar entre oportunidades reales y objetos brillantes**

Los objetos brillantes son distracciones reales que se disfrazan de herramientas excelentes y emocionantes. Por ejemplo, se están introduciendo algunas herramientas nuevas en el mercado que hacen afirmaciones muy audaces. Pero no agregará valor a su trabajo o vida productiva. Las oportunidades reales deben tener un impacto real en su vida o trabajo. Por ejemplo, herramientas que mejoran la entrega de su producto o servicio y herramientas que pueden impulsar su flujo de trabajo.

2. **Utilizar la técnica de "esperar y ver".**

Utilice esta técnica cuando no esté seguro de su próxima decisión. Muchas herramientas se están volviendo obsoletas en un par de años debido a los rápidos avances tecnológicos. Si se introduce nuevo software en el mercado y dice que lo hace más productivo, analice críticamente si necesita o no esa herramienta. Sólo debe comprar esta nueva herramienta cuando esté seguro de que no tiene otra alternativa.

3. **Eliminar las fuentes de información de baja calidad**

Manejar las fuentes de distracción es una de las mejores maneras de manejar la distracción. Cuando se suscribe a boletines informativos que recomiendan nuevos productos con frecuencia, siempre tendrá dificultades para concentrarse porque desea evaluar cada producto antes de tomar una decisión de compra. Esto se llama carga cognitiva. Su mejor opción es eliminar las fuentes de información de baja calidad en lugar de utilizar su preciosa energía mental para filtrar el ruido.

Evalúe sus suscripciones por correo electrónico, suscripciones a grupos de Facebook y noticias de medios sociales. Darse de baja de grupos y boletines que ofrezcan sugerencias inútiles e irrelevantes.

4. No siga la corriente

Evalúe la idoneidad de una nueva herramienta para su trabajo y su vida antes de comprarla. No lo compre ni lo use porque sus colegas lo llaman la mejor innovación. Esta nueva herramienta puede convertirse en su fuente de improductividad. Siempre hágase estas tres preguntas críticas:

- ¿Cuáles son los méritos contra los deméritos de hacer esto?
- ¿Qué valor añadirá esto a mi vida o a mi trabajo?
- ¿Lo necesito?

Si usted está genuinamente seguro de que agregará valor a su trabajo y a su vida, entonces, hágalo.

5. No pierda el tiempo persiguiendo tendencias

Si usted sigue cada nueva herramienta e idea, no conseguirá hacer las cosas. Sólo perderá el tiempo persiguiendo tendencias. Además, debe entender que un producto nuevo no significa que sea un producto mejor.

28. 4 Otras maneras de superar las distracciones internas

Ahora, aquí hay otras cuatro maneras de silenciar cualquier forma de distracción interna:

1. Practicar la defusión cognitiva

La mayoría de nuestros pensamientos intrusivos son retóricos y abstractos. Una manera efectiva de perder el poder de sus pensamientos negativos es reencuadrar esos pensamientos hasta que pierdan su significado. La defusión cognitiva es una técnica que cambia una palabra o frase y cómo te impacta. Por ejemplo, si siempre repite una frase como "la vida no tiene sentido", puede enmarcarla como "Estoy pensando que la vida no tiene sentido". La repetición de la frase reencuadrada elimina cualquier negatividad de la misma. Del mismo modo, si escucha continuamente una palabra en su cabeza cuando se siente mal ('perdedor') o confundido ('estúpido'), repetirlo diluye su poder. La clave es verbalizar el pensamiento para que pueda escucharlo.

Una técnica similar a la defusión cognitiva se denomina efecto o dirección positivos. Como su nombre lo indica, esta técnica consiste en transformar las palabras negativas en palabras positivas. Puede convertir palabras como "No puedo hacer esto" en "Por supuesto, puedo tener éxito". "Nunca lograré esta meta" se convierte en "Definitivamente voy a hacer que esto suceda". Cuando usted usa frases positivas, prepara sus lóbulos frontales y, en consecuencia, estimula un comportamiento dirigido a la meta.

2. Practicar la autocompasión

La autocompasión es el acto de tratarse a sí mismo con amabilidad. Usted usa un entendimiento gentil y calmante para responder a su ansiedad. Cuando usted tiene pensamientos ansiosos como "Oh no, aquí vamos. No puedo aceptar esto. Odio estos pensamientos."

La autocompasión puede convertir este diálogo interno en "No es fácil sentirse así, pero puede superar estos problemas y completar la tarea". Esta técnica disminuye los efectos de la ansiedad al alentarlo a no culparse por sentirse ansioso. Ayudará a acercarse al miedo desde un lugar de comprensión.

3. Verbalizar tus pensamientos

Como los problemas que pasan por su cabeza son a menudo un montón de pensamientos desordenados y preocupaciones, hablar en su cabeza rara vez revela algo significativo. Sin embargo, cuando verbalizas sus sentimientos y miedos, puede desarrollar una historia e identificar el significado de la historia. Si no le gusta una persona, anótalo en un diario. Los efectos son similares.

La escritura ayuda con los problemas físicos y psicológicos, ya que conduce al desarrollo de una narrativa coherente a lo largo del tiempo. Es el procesamiento cognitivo durante la escritura lo que lo convierte en una actividad terapéutica. Al crear una descripción, usted puede tener una idea de lo que está sucediendo. Por lo tanto, reduciendo parte de ese horrible ciclo de charla mental.

Otra técnica de escritura es escribir las tareas que desea realizar en la próxima hora. Luego, fije una fecha límite para que usted termine las tareas. El acto de escribir sus tareas críticas por hora reorientará su cerebro hacia sus proyectos más vitales. Agregar una fecha límite crea un sentido de urgencia que le ayuda a mantenerse enfocado.

4. Practicar la atención y la meditación

Si usted se encuentra atascado en su cabeza y necesita una rápida conexión a tierra en el presente, la atención puede ser más accesible. Es ligeramente diferente de la meditación. La mejor descripción de mindfulness es de Jon Kabat-Zinn, *"Concéntrese en el presente sin juzgar"*.

En todo momento, siempre vuelva a centrar su atención en lo que está haciendo en ese momento. Tómese un momento para concentrarse en el presente en lugar de en lo que está en su cabeza. Así, usted puede salir de sus distracciones internas cuando suceda.

6 maneras Confiables de Derrotar las Distracciones Externas

Las distracciones externas usualmente desbaratan nuestra ética de trabajo diaria. Esto puede ser cualquier cosa, desde el niño pequeño de su vecino corriendo por la ventana de su oficina, un golpe inesperado en la puerta principal, o un colega que se detiene para charlar. Puede distraerse con las notificaciones de Skype, las noticias de las redes sociales o el correo electrónico.

La mayoría de las veces, tenemos la culpa de estas distracciones. La mayoría de nosotros somos culpables de revisar las noticias de Facebook o el correo electrónico cuando deberíamos estar haciendo un trabajo real. Otras veces, las distracciones suceden igual que la vida. Por lo tanto, deben recobrar su concentración instantáneamente para evitar que la actividad consuma sus mentes.

Dado que prevenir es mejor que curar, usted debe encontrar maneras comprobadas de minimizar estas distracciones. Cuando nuestros intentos de prevenir las distracciones fracasan, es crucial que usted tenga estrategias para lidiar con ellas. Aquí hay seis maneras confiables de derrotar las distracciones externas:

1. Atención cortafuegos
En los últimos años, figuras famosas como Merlin Mann, Gina Trapani y Tim Ferriss han hecho popular este concepto en los círculos de productividad. Esta técnica consiste en evitar las distracciones en lugar de tratar con ellas.

Debe hacer un seguimiento de sus actividades e identificar las distracciones que le impiden realizar un trabajo productivo. Por ejemplo, puede utilizar software para bloquear el acceso a un sitio web específico que le haga perder demasiado tiempo. Si sigue siendo una distracción porque podría pasar por alto el software. Puede evitarlo utilizando su enrutador. Dado que tendrá que reiniciar el enrutador y guardar el cambio, sería un poco más difícil pasar por alto el enrutador. Durante ese tiempo, usted no se distraerá por el Internet, y tiene una alta probabilidad de enfocarse y volver a enfocarse en sus tareas cuando está distraído.

Para el correo electrónico, desinstale los notificadores y cambie la configuración del teléfono a silencioso para evitar los pitidos de los nuevos mensajes.

2. Mantenga su lista de cosas por hacer fácilmente visible

Mantener su lista de cosas por hacer cerca hace que sea más fácil volver a la tarea durante su período de espera y mantener su concentración clara. Por lo tanto, puede evitar caer en la trampa de la distracción. Además, asegúrese de escribir su lista de tareas de manera legible para que pueda leerla desde su posición de trabajo más común.

Configure pequeños mensajes de recordatorio, como "¿se encuentra haciendo una tarea? El verdadero secreto es hacer que su lista de tareas sea visible todo el tiempo y ser consciente de ello.

3. Mantenga una almohadilla de aplazamiento.

Esta almohadilla de aplazamiento puede estar en su escritorio o en su computadora. Apuntes sobre sus distracciones en ellos a medida que llegan. Por lo tanto, puede olvidarse de ellos y regresar más tarde. Una alternativa es usar un dispositivo separado para almacenar sus distracciones. Por ejemplo, usted puede tener una libreta de apuntes titulada "almohadilla para dejar las cosas para más tarde", que contiene sus distracciones.

4. Maximice sus picos de productividad

Todos tenemos períodos específicos del día en los que estamos en la cima de la productividad. Usted necesita identificar estos momentos y darse la mejor ventaja programando los más importantes para estos momentos.

5. Psiquiatría para ir a trabajar

Una razón convincente para completar el trabajo es altamente esencial para mantenerse en la tarea. Recuérdese sobre los beneficios de terminar su tarea. Por ejemplo, un fin de semana sin trabajo o el orgullo de terminar un proyecto desafiante. Recordarse de algunos beneficios a corto plazo también funciona. Por ejemplo, si usted completa una cantidad específica de trabajo, puede tener suficiente tiempo para descansar y llevar a su esposa a una cita para pasar la noche.

6. Usar la técnica de recompensa instantánea

Dígase a sí mismo que haría algo entretenido durante 10 minutos una vez que pueda completar su próxima tarea dentro de un marco de tiempo específico. Por ejemplo, si usted completa 600 palabras de un artículo en los próximos 30 minutos, usted jugará su juego favorito en su teléfono durante 5 minutos. Si su trabajo le permite trabajar a distancia, puede utilizar esta técnica para afinar su enfoque. Sin embargo, este método debería ser su último recurso porque es casi imposible hacer su mejor trabajo dentro de un plazo de 20 o 30 minutos. Es una buena estrategia cuando se encuentra demasiado distraído o cuando lucha para empezar el día con trabajo productivo.

CAPÍTULO 6 - EMULAR EL ÉXITO

Ejemplos de fijación de objetivos de los Business Masters

En esta sección, exploramos los secretos de algunos grandes ejecutivos de negocios. Vamos a empezar:

1. Bárbara Corcoran
Barbara es una inversora de "Shark Tank" y fundadora de Barbara Corcoran Inc.

"Debido a las limitaciones de tiempo, suelo organizar mi lista en secciones. La primera sección es para las llamadas que pretendo hacer, pero no excede de tres llamadas. Puse mis llamadas en la primera sección para evitar olvidarlas.

La sección de revisión es mi segunda sección. Típicamente son tareas cortas. En él respondo a preguntas como:"¿Te gustaría estar en nuestro programa? puedo hacer una revisión rápida y sacarla de mi camino, ya que la documentación pertinente está adjunta a ella. Aunque no están listados en ningún orden en particular, me aseguro de completarlos en menos de un día.

La tercera sección es mi lista de proyectos. Éstas contienen tareas que mueven mi negocio hacia adelante y me hacen ganar dinero. Además, los clasifico como A, B y C, dependiendo de su importancia. Algunas de las tareas en esta lista son empresas en las que he invertido a través de Shark Tank. *Las tareas A son esenciales y sólo para hoy. Las tareas B también son necesarias, pero su fecha límite no es hoy.*

Cuando mi lista de tareas es demasiado pequeña, muestra que no he creado tiempo para la reflexión. Mi lista se vuelve más sustancial cuando tengo más tiempo para reflexionar. Cuando reflexiono, puedo

Administración del tiempo

pensar en nuevas oportunidades que no quiero olvidar. A pesar de intentar varias listas de cosas por hacer, mis listas de cosas útiles han sido las que he escrito o tipeado. Hay una satisfacción que obtengo al tachar tareas que no puedo conseguir con el botón de borrar".

2. Jim McCann

Jim es el autor de *Talk is (Not) Cheap: The Art of Conversation Leadership* y el fundador y CEO de 1-800-flowers.com, Inc.

"He estado usando listas durante la mayor parte de mi vida de negocios. Tuve un loco creador de listas como mentor en la casa de St. John's en Queens, Nueva York. Estar ocupado es fácil, pero ser efectivo es mucho más difícil. Usando el ejemplo de mi mentor, compré una libreta e imprimí 'cosas que tengo que hacer hoy' en ella. Actualmente, combino pads físicos y digitales. Mi lista está dividida en cuatro:

- *Cosas que debo hacer hoy*
- *Una lista general de cosas por hacer*
- *Una lista de proyectos*
- *Una lista de ideas a largo plazo. Estos son muy importantes para el crecimiento de la empresa.*

Antes de asignar mis apuntes a cualquiera de las listas anteriores, me hago una pregunta: `` ¿Debe hacerse hoy? La mayoría de estos apuntes son ideas útiles que encajan en la lista de ideas a largo plazo o en la lista de proyectos. Mi equipo evalúa estas listas de vez en cuando para determinar si las ideas son o no lo suficientemente buenas para su implementación. Reemplazamos las ideas que ya no son lo suficientemente buenas por otras nuevas. Con una lista de tareas adecuada, puede convertirse en un mejor administrador de su tiempo".

3. Jim Koch

Jim Koch es el fundador de la Boston Beer Company.

"Las tareas prioritarias de los diferentes equipos internos determinan mi día. Cada mañana, escribo un máximo de cinco objetivos obligatorios para ese día en una nota de Post-it. Este acto me mantiene concentrado por el día.

Si bien estos elementos no son necesariamente urgentes, son importantes. Una vez que empiezo mi día, me aseguro de que la lista siga siendo accesible para evitar postergarla. Sin embargo, tacho todos los artículos de la lista al final de cada día. Además, cada una de mis semanas comienza con un máximo de cinco correos electrónicos en mi bandeja de entrada. Para garantizar que los problemas o preguntas se resuelvan con bastante rapidez, respondo a los correos electrónicos casi inmediatamente después de recibirlos. Por lo tanto, responder a los correos electrónicos no afecta mi productividad durante mis descansos diarios.

Durante mi tiempo de descanso, apago mi Internet y paso ese tiempo en la ferretería más cercana. Incluso puedo recoger una herramienta que necesito en casa. Para cuando vuelva a mi escritorio, habré avanzado con mi anterior número o dilema".

4. Daymond John

Daymond es el fundador de la famosa línea de ropa, FUBU, y es el autor del *Power of Broke*.

"Tengo un conjunto de 10 objetivos. Las primeras siete metas son metas de 6 meses. El resto son metas a 5, 10 y 20 años. Ya que quiero que mis metas sean lo último en lo que pienso y sueño, me acostumbro a leer mis metas todas las mañanas y todas las noches. Escribo las siete metas en un pedazo de papel. Aunque cada meta tiene una fecha de vencimiento, incluyo algunos detalles de cómo alcanzaré cada meta. Las primeras cinco metas son de salud, familia, negocios, relaciones y filantropía. Las siguientes dos son metas financieras personales y metas de proyectos de negocios. Cada meta está escrita en un lenguaje positivo. Por ejemplo, si mi meta es reducir mi peso a 170 libras para el 5 de julio, los pocos detalles serían comer pescado,

beber ocho vasos de agua al día y hacer ejercicio dos veces al día. No incluirá evitar el alcohol, la carne y los alimentos fritos".

5. Yunha Kim

Yunha es la fundadora y directora ejecutiva de Simple Habit, una aplicación de meditación.

"Establecer límites de tiempo es uno de mis secretos del flujo de trabajo. A menudo tenemos listas interminables de cosas que hacer en una empresa como la nuestra. Por lo tanto, no es factible terminar una tarea de una sola vez".

13 inconvenientes de la gestión del tiempo de las personas de éxito

No es fácil manejar o maximizar su tiempo. Pero conociendo los consejos y trucos de las personas más exitosas de hoy en día, usted puede usar sus consejos o desarrollar sus estrategias de administración del tiempo. De esta forma, mejorará su productividad. Obtenga más información sobre diversos trucos poco convencionales para ahorrar tiempo a partir de los trucos de gestión del tiempo de algunas de las personas más exitosas del mundo.

1. Los correos electrónicos de los delegados de Sir Richard Branson

Sir Richard es el fundador del grupo Virgin. También es un magnate empresarial británico, inversor, autor y filántropo.

"Reviso los correos electrónicos de los lectores por la mañana. Paso algunos a los colegas, dicto los que tienen respuestas rápidas a mis asistentes. Pero escribo las respuestas más detalladas personalmente. Reviso mi correo electrónico en ráfagas para concentrarme en mis tareas actuales. Doy espacio a mis empleados en lugar de directivas. Me siento cómodo permitiéndoles asumir responsabilidades porque contraté a gente en la que confío".

Administración del tiempo

2. Jack Dorsey crea temas cotidianos

Jack es el CEO y cofundador de los expertos en procesamiento de pagos de Square y de la compañía de medios sociales, Twitter. Dorsey dirige estas dos importantes empresas al mismo tiempo, dando cada día un tema. Dorsey pasa cada día de la semana para concentrarse en un área primaria en particular. Por ejemplo, los lunes pueden ser para el desarrollo de productos y los martes para funciones de gestión general. Los miércoles pueden ser días de búfer en los que usted responde a correos electrónicos y tareas de baja prioridad.

3. Mary Callahan Erdoes utiliza el calendario para la gestión diaria

"La mayor herramienta para gestionar el tiempo es la gestión del calendario. Concéntrate en controlar tu calendario. Haga una lista de lo que espera de los demás y de lo que los demás esperan de usted. Si no controla su calendario, terminará controlándolo a usted".

4. Barack Obama limita sus trajes

Barack Obama es el ex presidente de los Estados Unidos.

"Reduzco las decisiones usando sólo trajes azules o grises. Ya que tengo demasiadas decisiones que tomar, prefiero excluir la comida y no tomar decisiones, rebajando mis decisiones".

5. Jack Groetzinger rastrea su tiempo

Jack es el cofundador y CEO de SeatGeek.

"Tengo un tiempo estimado para cada una de mis tareas. Tengo un software que registra cuando comienzo y termino cada elemento de mi lista de tareas. Me esfuerzo por lograr una meta de eficiencia para cada día. Mi objetivo de eficiencia son los minutos reales divididos por los minutos esperados. Me divierto jugando con mi lista de cosas por hacer porque soy el dueño de todos los lugares en la clasificación".

6. Gary Vaynerchuk utiliza el tiempo de otras personas

Gary Vaynerchuk es entrenador de negocios y CEO de VaynerchukMedia.

"Escalo mi eficiencia en el tiempo usando a otras personas. Puedo concentrarme en mis prioridades personales y profesionales haciendo que otros hagan las tareas que se deben hacer. Una de mis asistentes trabaja a tiempo completo como mi entrenadora de salud. Él supervisa mi ejercicio y mi nutrición. El otro asistente me sigue y me filma. A medida que mi tiempo se vuelve más valioso, puedo contratar a un conductor de tiempo completo en lugar de esperar a que me lleven".

Consejo: Si no puede permitirse contratar asistentes a tiempo completo, puede contratar asistentes virtuales o subcontratar algunas de sus tareas.

7. Steve Ballmer crea un presupuesto de tiempo

Steve es el ex-CEO de Microsoft. Steve tiene una hoja de cálculo a la que pueden acceder sus ayudantes y en la que presupuesta tiempo para quienes necesitan hablar con él o reunirse con él. Por lo tanto, administra su tiempo dedicando la mayor parte de su tiempo a cosas importantes.

8. Adora Cheung es muy estricta con las reuniones.

Adora Cheung es la directora ejecutiva de Homejoy, una plataforma en línea que conecta a los clientes con los proveedores de servicios en el hogar. Adora envía un documento de Google Doc a los participantes potenciales de la reunión. Estos participantes anotan el orden del día de la reunión. Después de priorizar los temas, Adora no discute ningún plan que no esté en la lista.

9. Tony Hsieh usa Yesterbox

Tony Hsieh es el CEO de la famosa línea de zapatos y ropa, Zappos. Tony recomienda responder hoy a los correos electrónicos de ayer. Por lo tanto, los correos electrónicos de hoy no desordenarán su atención durante el día. Él llama a esta técnica "Yesterbox". Una aplicación capaz que puede ayudarle a alcanzar la bandeja de entrada cero se llama bumerán. Le ayuda a prestar la atención adecuada a los correos electrónicos específicos reenviando esos correos electrónicos a su bandeja de entrada como correos electrónicos nuevos en el momento especificado.

10. Arianna Huffington come fuera de su escritorio

Arianna Huffington es autora de 15 libros, fundadora del *Huffington Post* y fundadora y directora ejecutiva de Thrive Global. Ella recomienda *no* trabajar mientras se toman descansos para comer durante el día. *"Lleve a un colega y almuerce en una mesa lejos de su escritorio o vaya a una cafetería. Esto no debería llevar más de 20 minutos. Hacer esto recarga más que comer mientras se trabaja, que es lo que muchos de nosotros hacemos. Puede ser la diferencia entre tener un final productivo o improductivo del día".*

11. Mark Cuban utiliza el correo electrónico para la mayoría de las interacciones

Mark Cuban es un inversionista y empresario estadounidense. Es copropietario de 2929 Entertainment, dueño de los Dallas Mavericks (un equipo de baloncesto americano), y es inversor en "Shark Tank". En lugar de perder el tiempo en largas reuniones o en largas llamadas telefónicas, Mark Cuban utiliza el correo electrónico para la mayoría de las conversaciones y se vuelve más productivo. *"El correo electrónico me ahorra horas todos los días. Sin llamadas telefónicas, sin reuniones, y yo establezco mi horario. A menos que esté recibiendo un cheque, todo lo demás es correo electrónico. Me encanta, y vivo de ella."*

12. Jeff Bezos usa la "Regla de las Dos Pizzas"

Jeff es el fundador, CEO y presidente de Amazon.com. También es inversor y donante de fondos de caridad. En lugar de perder el tiempo en reuniones, Bezos maximiza su tiempo al no asistir a grandes reuniones. Para él, una reunión es grande si dos pizzas no pueden alimentar a los participantes en las reuniones.

13. Nick Huzar aprovecha los domingos

Nick es el CEO y cofundador de OfferUp, que conecta a compradores y vendedores locales. *"Planifica tu trabajo y apégate al plan. Me aseguro de crear un período tranquilo para mí los domingos. Durante este período, examino cada departamento de OfferUp para determinar las prioridades del equipo. Luego, durante la semana, apoyo a cada equipo para implementar estas prioridades. Además, me encantan las rutinas. Con las rutinas, puedo eliminar las excusas. Por ejemplo, lo primero que hago todas las noches es empacar para el gimnasio del día siguiente".*

10 rutinas Matutinas de Emprendedores Innovadores

Comenzar bien el día es la clave de los días superproductivos. Sus acciones al comienzo del día determinarán si logrará resultados extraordinarios o mediocres. He aquí cómo diez empresarios altamente exitosos maximizan sus días desde el momento en que se levantan de la cama.

1. *Crear una lista de tareas la noche anterior*

"En días alternos, hago ejercicio durante una hora y corro hasta la oficina. Mientras estoy en la oficina, reviso mi lista de cosas por hacer de la noche anterior. Así, puedo identificar mis tareas más importantes y terminarlas antes que nada". - Barbara Corcoran, fundadora del Grupo Corcoran.

2. *Empieza el día con la máxima energía*

*"Al levantarme temprano y jugar al baloncesto, empiezo con la energía y claridad adecuadas. Después de ducharme, tomo un desayuno de 3 huevos, lo que me llena de satisfacción y agudiza mi concentración. Luego, procedo a lograr una bandeja de entrada cero. Ayudo a mi equipo con cualquier desafío que se les presente. Por lo tanto, tengo una idea de mis retos para el día de hoy. Reflexiono en mi

lista de tareas del día y las afronto de frente". - Tim Draper, socio fundador de DFJ - una legendaria firma de capital riesgo.

3. Elija una rutina que se ajuste a su tipo de personalidad

"Su tipo de personalidad puede ser emocional, social, de acción o práctico. Si usted es del tipo emocional, es sensible y puede ser introvertido. Por lo tanto, su rutina implicará mucho tiempo de tranquilidad e introspección. Si usted es del tipo social, su rutina diaria estará basada en las personas. Por ejemplo, le encantará hacer ejercicio en el gimnasio en presencia de al menos cinco personas. Si usted es el tipo de personalidad de acción, le encantará una rutina matutina de variedad. Le encantará comenzar el día con una combinación de jogging, jiujitsu, o leer varios libros, especialmente libros fuera de su industria. Las personas de tipo práctico aman una rutina diaria bien estructurada. El aspecto más importante de cualquier rutina es seguir su plan. Todos tendemos a tener una rutina matutina hasta que la vida sucede. Así que usa tu tipo de personalidad para determinar tu rutina matutina más efectiva". - Tai López, inversionista y asesor de muchos negocios multimillonarios con un imperio en línea de ocho cifras.

4. Afine su cerebro

"Como sé que mi día será ajetreado y probablemente impredecible, empiezo el día nadando en la piscina. Luego, mientras tomo una taza de café, juego el crucigrama en el Los Angeles Times; esto raramente excede los 20 minutos. Luego, entro en mi oficina para empezar a trabajar." - Mark Sisson. Mark Sisson es el editor de marksdailyapple.com (un paleo blog), el autor más vendido del Nuevo Planeta Primario y el fundador del Planeta Primario.

5. Use la nutrición para encender su cerebro

"Bebo una onza de agua que contiene un mineral limpiador. Yo enjuago mi sistema bebiendo un cuarto de galón de agua purificada estructurada. Luego, despierto cada músculo con un hervidor de agua de 45 libras y 20 minutos de ropa turca. Proporciono a mi cerebro el

último nutriente cerebral al tomar tres mililitros de fitoplancton marino vivo. Después de la ducha, utilizo 30 sprays de magnesio para aliviar mi abdomen antes de tomar un suplemento para reparar mis células. Como dos huevos de gallina orgánicos fertilizados en la granja y tres tipos diferentes de fruta para mi desayuno. Por último, me tomo una taza de batido verde". - Ian Clark. Ian es el fundador y CEO de Activation Products.

6. *Ponga en marcha su metabolismo*

"Después de levantarme de la cama a las 5:30 a.m., tomo 20 onzas de agua para poner mi metabolismo en acción. Escribo mi lista de gratitud por la mañana. Luego, determino mis dos prioridades principales para el día. Estas prioridades deben moverme en la dirección de mis metas antes de que pueda decir que mi día es increíble". - Jon Braddock, fundador y CEO de My Life & Wishes.

7. *Verbalizar la intención de tu día*

"Dedico unos minutos a mostrar gratitud por la salud y el cuerpo antes de levantarme de la cama. Entonces, expreso mi intención para el día. Al establecer las intenciones de mis metas, tomo un vaso de agua, enciendo algunas velas y sueño despierto. Reviso mis emails por si hay mensajes importantes antes de pasar al modo de trabajo". - Elle Russ, entrenadora y autora de los libros más vendidos de Paleo Thyroid Solution.

8. *Empiece temprano*

"Me levanto a las 4:15 a.m. y paso 15 minutos de gratitud. A las 5 de la mañana, estoy en el gimnasio para tener una sesión de musculación con un entrenador personal hasta las 6 de la mañana. Entre las 6:30 y las 7:00 de la mañana, medito y me imagino cómo lograr mis metas y sueños. Paso 30 minutos (de 7:15 a.m. a 7:45 a.m.) con mi familia antes de empezar a trabajar a las 8 a.m.". - Adele McLay, autora, conferencista y consultora de crecimiento de negocios.

9. Empieza con la meditación

"Después de la meditación, utilizo mi diario de cinco minutos antes de hacer ejercicio y bebo un batido de proteínas. Entonces, ayudo a otros a mi manera. Ya sea haciendo una introducción importante, enviando una nota de agradecimiento por escrito o publicando un #ploughshare en línea. Paso algún tiempo escribiendo o dibujando imágenes. Por último, doy un paso importante para lograr mi objetivo". - Chris Plough, empresario en serie y asesor de empresarios.

10. Bloquear los momentos de soledad

"Siendo padre de niños pequeños, empresario y médico, mis días pueden volverse muy desordenados sin una planificación adecuada. Después de levantarme a las 6:30 de la mañana, paso un mínimo de 30 minutos en completa y tranquila soledad antes de tomar una taza de café. Para entrar en el estado mental correcto, oro, leo algunos materiales educativos, reviso mis metas para ese día y practico la meditación consciente. Me comprometo fuertemente en un estado mental de pensamiento positivo para fomentar un inmenso poder en mi mente. Cuando no estoy en ayuno intermitente, mi desayuno suele ser ligero y consiste en unos cuantos suplementos nutricionales dependiendo de los resultados de mis análisis de sangre actuales. Entonces, maximizo el día trabajando con celo y energía". - Dr. Nick Zurowski, fundador del Centro de Salud NuVision.

Le animo a que utilice cualquiera de estas rutinas matutinas tal y como son o, lo que es más importante, que las modifique para que se adapten a su estilo de vida y así pueda disfrutar de mañanas más productivas y creativas.

Capítulo 7 - Recuperar el control del futuro

15 hábitos efectivos de gestión del tiempo

Si hubiera leído hasta aquí, ya habría identificado algunos hábitos de gestión del tiempo. Algunos fueron discutidos en el capítulo anterior como ejemplos de maestros de negocios, personas exitosas y empresarios innovadores. Otros han sido discutidos en capítulos anteriores. Por lo tanto, no se repetirán en este capítulo. En su lugar, descubrirá más consejos probados sobre la gestión del tiempo que podrá incorporar a su vida diaria.

1. Aprenda a leer con rapidez

Si bien no puede evitar que le arrojen toda la información, puede clasificarla y repasarla a su ritmo y a su debido tiempo. Aprender a leer con rapidez es una de las habilidades más importantes que puede desarrollar. ¿Ha tomado alguna vez un curso de lectura rápida? Si no, inscríbase ahora. Con las nuevas tecnologías ahora disponibles, usted puede leer hasta 1.000 palabras por minuto y comprender la mayor parte de lo que ha leído.

2. Agrupe sus lecturas

Imprima y archive información importante, resúmenes u objetos de valor. Alternativamente, puede compaginarlos en un archivo separado en su ordenador y leerlos más tarde. En lugar de perder el enfoque en su tarea actual, puede archivar esa información y leerla más tarde. Una vez que esto se convierta en un hábito, se sorprenderá de lo mucho que puede dar y de lo mucho que lee. Ya sea que esté leyendo la versión en papel o la versión electrónica de sus periódicos, lea lo que es relevante para usted. Cuando esté leyendo las noticias, tenga en cuenta que la mayor parte de la información siempre está en el titular y en el primer párrafo. La mayoría de las veces, rara vez es necesario leer los detalles restantes para entender la historia en su totalidad.

3. Sólo lea lo que es importante y relevante

El diseño de todas las revistas y periódicos es hacer que usted lea cada página de la revista o periódico. La razón es para que usted vea todos los anuncios en revistas o periódicos. Por lo tanto, usted debe leer lo que es importante sólo para usted. Después de revisar la tabla de contenidos, diríjase a la información que es relevante para su vida y su trabajo. La técnica "rip and read" es una técnica excepcional para los materiales impresos. Arranque y archive los artículos que desea leer. Luego, lleve el archivo con usted para leerlo durante los tiempos de espera. Del mismo modo, lea las reseñas de los libros antes de dedicar tiempo a leer el libro completo. Usted puede obtener la esencia principal del libro leyendo la reseña del libro. En lugar de recorrer la web para leer reseñas, es más conveniente suscribirse a los servicios de reseñas de libros.

4. Organice su entorno de trabajo

Para muchas personas, creen que un ambiente de trabajo y un escritorio desordenados ayuda a su eficiencia de trabajo. Sin embargo, varias investigaciones han demostrado que cuando la gente trabaja en un ambiente limpio y ordenado y se concentra en una sola tarea, su productividad casi se triplica instantáneamente. Las personas con un ambiente de trabajo desordenado pasan mucho tiempo buscando los materiales que necesitan para trabajar eficazmente. Psicológicamente, un ambiente de trabajo desordenado afirma su creencia de que carece de organización. Por lo tanto, usted está continuamente distraído por todos los artículos que está viendo.

5. Maximice sus mañanas

Ponga su reloj despertador un par de horas antes de lo normal cuando tenga fechas límite que cumplir y proyectos que completar. He encontrado que esto es más efectivo que tratar de trabajar extra en la noche cuando estás demasiado cansado para concentrarte. Usted puede obtener algo de tiempo dedicado yendo a la cama una hora antes de su hora habitual. En las primeras horas de la mañana, su mente está alerta, usted está fresco, la casa está tranquila, y usted está en la productividad máxima. Pase esta hora extra en un elemento de su lista de tareas. Media hora más temprano en el día son 23 días adicionales durante el año. Esto es tan bueno como ganar tiempo. ¡Imagine eso!

6. *Haga un mapa de sus comidas semanales*

Considere sus horarios, ocasiones especiales y artículos en la lista de compras para planear su comida para la semana. Recuerde revisar la despensa para asegurarse de que todos los ingredientes para los artículos de su lista de compras estén completamente disponibles. Además, vaya al supermercado con un plan adecuado, no debe haber compra por impulso. Cuando usted se acostumbra a planear su comida una vez a la semana, no perderá el tiempo pensando en qué comer. Un beneficio adicional es que usted come más saludablemente.

Usted puede aplicar el plan de comidas semanal a otros aspectos de su vida. Por ejemplo, elija un día para planear la ropa que va a usar durante la semana. Luego, asegúrese de lavarlas y prepararlas para su uso.

7. *Estar en el presente*

Abandone todo su equipaje del día anterior en el pasado. No permita que los fracasos, las vergüenzas, las pérdidas, las decepciones y los errores del día anterior afecten la alegría que probablemente experimentará hoy. Comience su día esperando experimentar un día de construcción de relaciones, satisfacción y éxito. Maximice su tiempo para disfrutar del mejor rendimiento en cada día de su vida.

8. *Establezca reglas para su tiempo*

Establezca reglas para su tiempo al crear su horario. Apague su teléfono celular durante el tiempo de espera, por ejemplo, durante el desayuno. Reservar bloques de tiempo que no estarán disponibles para las personas y los dispositivos.

9. Audite su tiempo

Evalúe sus hábitos actuales de gasto de tiempo durante los próximos siete días. Registre sus actividades en un diario o en su teléfono. Divida sus actividades en bloques de una hora. Luego, conteste las siguientes preguntas:

- ¿Qué logró?
- ¿Fue una completa pérdida de tiempo?
- ¿Pasó el tiempo a su satisfacción?

Use la matriz de prioridades discutida en el capítulo cuatro para registrar sus actividades en el cuadrante apropiado. Sume los números después de siete días. Entonces, ¿qué cuadrante pasaste la mayor parte del tiempo? No se sorprenda por su respuesta.

10. Elimine sus malos hábitos

Los malos hábitos son uno de nuestros mayores derrochadores de tiempo. Esos malos hábitos eliminan nuestro precioso poco tiempo. Por lo tanto, si usted es serio acerca de lograr grandes metas en su vida, y pasa su tiempo sabiamente, asegúrese de eliminar esos malos hábitos. Ejemplos de hábitos de pérdida de tiempo incluyen salir a beber con los amigos con frecuencia, jugar juegos, navegar excesivamente en los medios de comunicación social, y mirar en atracones de Netflix.

11. Encuentre un mentor

Cuando usted no tiene a nadie que lo guíe, puede distraerse y sentirse rápidamente desmotivado. Pero es más fácil mantenerse al día con su tiempo cuando puede confiar personalmente en alguien que ha pasado por el mismo proceso. Por lo tanto, esa persona puede ayudarlo a alcanzar sus metas rápidamente.

12. No espere la inspiración

Usted está perdiendo el tiempo esperando para comenzar un proyecto. Ya que no hay un momento perfecto para hacer nada, deseche las excusas que le impiden comenzar. Aunque no estoy sugiriendo que sea impaciente, debe identificar lo que pretende lograr y tomar medidas inmediatas para lograrlo.

13. Participar en pasatiempos

Los pasatiempos se involucran en partes de su cerebro que no usa para trabajar. Así, usted se vuelve más creativo y puede resolver problemas con facilidad. Usted puede alcanzar el éxito si pasa algún tiempo fuera de su zona de comodidad. Si usted es un desarrollador de software, salga y socialice. Si usted es pianista, practica artes marciales. Si es abogado, aprende a bailar.

14. Disfrute su tiempo

No se obsesione por marcar todas las tareas de su lista de tareas. Equilibre su trabajo y su vida para disfrutar de su día. No vale la pena completar una carga de trabajo sobredimensionada un día sólo para tener un día improductivo y quemado al día siguiente. Trabaje a su mejor ritmo. Cuando usted se apresura a realizar tareas, se estresa y produce un trabajo deficiente.

15. Meditar

Unos minutos de meditación pueden mejorar su concentración y calma. De esta manera, su trabajo se vuelve más eficiente y su contribución es más significativa. Además, la meditación devuelve la mente al presente para ayudarlo a evitar varias distracciones. Cuando su mente está en el presente, puede lograr mucho más en poco tiempo. La meditación mejora su conciencia. Por lo tanto, rara vez cometemos errores en el trabajo, y usted ahorra el tiempo que se supone que debe usar para corregir sus errores. La meditación también puede fortalecer su intuición. Una fuerte intuición mejora su capacidad de toma de decisiones y, en consecuencia, le ahorra tiempo.

Vencer al perfeccionismo de una vez por todas

Aunque nuestro mundo actual espera que seamos perfectos en todo momento, esto no significa que el perfeccionismo sea el camino hacia una vida exitosa. Como un trastorno obsesivo-compulsivo, su deseo de perfección puede arruinarlo. Y como hace que pierda la perspectiva a medida que se introduce más en ella, entorpece a los que lo rodean. Ya que ninguno de nosotros puede llegar a ser perfecto, sólo se estará volviendo loco, tratando de alcanzar una meta difícil de alcanzar. El perfeccionismo puede llevar a la depresión. Una investigación de Sydney Blatt, psicóloga de la Universidad de Yale, demostró que los perfeccionistas tienen más probabilidades de suicidarse que la gente común.

Para evitar la trampa perfeccionista, implemente estos siete pasos probados:

1. La práctica fracasa

Hacer ejercicios donde es probable que falle es una de las maneras más efectivas de derrotar al perfeccionismo. Por lo tanto, aprenda una nueva habilidad que requiere muchas caídas y vergüenza. Le enseñará que la tolerancia al fracaso, la autocompasión y la paciencia son parte de la curva de aprendizaje.

Por ejemplo, me uní a un grupo de remeros de carreras a pesar de haber estado en una tabla de paddleboard sólo un par de veces. Este grupo consiste en personas que reman por lo menos 21 millas en el océano y realizan esos giros de 360 grados en sus tablas. Pasé la mayor parte de la noche en el agua y no en ella, pero ahora me siento más cómodo con el fracaso. Me doy cuenta de que el mundo no se acabará porque soy la peor persona de un grupo de atletas. Haré todo lo posible para traducir esta lección a otras áreas de mi vida, donde estoy ansioso o deprimido debido al perfeccionismo.

2. Diferenciar entre metas y sueños

Como es muy probable que no ocurran, las grandes ideas suelen crear mucha angustia. Por ejemplo, uno de mis amigos solía soñar con jugar al baloncesto profesional. No hay nada malo en tener un sueño, ¿verdad? Pero empezó a tener problemas de comportamiento porque fue colocado en el equipo C de su equipo de baloncesto. Cuando se porta bien, practicará sus lanzamientos y mejorará sus técnicas durante horas diarias. Pero siempre juega mal en los partidos porque se presionaba demasiado a sí mismo. Cuando siento que mis expectativas pesaban demasiado en mí, normalmente escribo mis metas en un pedazo de papel. Entonces, tacharé las que son realistas. Pero voy a retocar a los tontos para evitar ponerme bajo una presión indebida.

3. Ser un buen trabajador

A menudo se dice que la gente inteligente toma atajos. Sin embargo, saber qué atajos cortar es el arte de ser una estrella. Por lo tanto, la salida es analizar su meta con toda honestidad críticamente. Luego, identifique cualquier perfeccionismo en el plan para cada propósito. La mayoría de las veces, nos escondemos bajo el perfeccionismo para evitar tomar acciones para lograr nuestras metas reales. La verdad es que se necesita un plan adecuado, trabajo duro y un poco de suerte para lograr cualquier intención real. Pero la mayoría de los perfeccionistas no están de acuerdo en que la suerte está involucrada en alcanzar cualquier meta.

4. Manténgase a raya

Manténgase a raya cuando sus dudas sean más reales, o cuando empiece a tener razones para creer a su crítico interior. Use estas preguntas para darse una idea de la realidad:

- ¿Están mis pensamientos basados en hechos, o son producto de mi imaginación?
- ¿Por qué estoy haciendo veredictos desfavorables?
- ¿Es la situación tan mala como la imagino?
- ¿Qué es lo peor que puede pasar? ¿Es probable que suceda?

- ¿Será esto importante en los próximos cinco años? ¿Será esto un problema en momentos vitales de mi vida? Ejemplos de momentos esenciales incluyen el parto, el traslado a otra ciudad o el traslado al extranjero.

Para cuando termino de contestar estas preguntas, a menudo me doy cuenta de que sólo estaba tratando de validar varias falsedades en mi cabeza. A veces, incluso me olvidaba de cómo llegué a este estado aterrador en primer lugar. Además de tranquilizar nuestra autoestima, esta prueba de realidad también hace que seamos menos dependientes de los demás para los cumplidos afirmativos.

5. Sea amable con usted mismo

Como perfeccionista, a menudo críticas a los demás. Es un hecho probado que esta crítica es un mecanismo de defensa. Te hace escoger los defectos de los demás en lugar de aceptar esos defectos en ti mismo o aceptar que ningún ser humano es perfecto. Cuanto más identifique sus debilidades, más las buscará en los que lo rodean. Hace esto porque ha creado una imagen ideal de la persona y la vida perfecta, pero no puede separar esta versión idealizada de la realidad. Una manera simple y efectiva de reducir este hábito significativamente es ser amable con uno mismo. Cuando le gusta su yo "imperfecto", es mucho menos probable que sea la persona irritable que analiza críticamente a los demás.

Así que, intente decir una cosa que le guste de usted cada mañana. Puede ser algo sobre su cara o un poema sobre usted. Cada vez que sienta que necesita un estímulo durante el día, repita esta afirmación. Tenga en cuenta que nada le impide utilizar la misma declaración todos los días o tener siete afirmaciones diarias. Así, sólo se repite una afirmación cada siete días. En lugar de vivir una vida implacable, encerrada y de corazón duro, empieza a ser amable con usted mismo.

6. Rechazar el miedo

¿Tiene miedo de...?

- La elección de un socio,
- Tomar una decisión de vida equivocada o
- ¿Empezar un nuevo proyecto?

Si es así, entonces, usted está exhibiendo algunos de los rasgos de un perfeccionista. Todos los factores anteriores tienen un tema común: el miedo al fracaso. Por lo tanto, dependemos de otros para que nos guíen y tomen nuestras decisiones por nosotros. Pero negarse a permitir que el miedo dicte sus movimientos o su elección es una de las mejores maneras de combatir tal comportamiento.

Una manera de desarrollar el hábito de prevenir el miedo a conducir es automatizar el inicio de la secuencia. Por ejemplo, un jugador de baloncesto está listo para levantarse y disparar como lo ha hecho cien veces al día durante la práctica, llegando a la línea de tiro libre, tocando sus calcetines, shorts, recibiendo la pelota y haciéndola rebotar exactamente tres veces.

Del mismo modo, un golfista profesional puede estar charlando con el encargado del marcador, un oficial amistoso, su compañero de juego o su caddie mientras camina por el fairway. Pero en el momento en que se pone detrás del balón y respira hondo, se dice a sí mismo una sola cosa: concéntrate.

En cada uno de estos ejemplos, los atletas pudieron reemplazar la duda y el miedo con comodidad y rutina. Podrían hacerlo porque han aprendido a automatizar el inicio de su secuencia. En lugar de fingir que no estoy de humor porque tengo miedo de empezar, empiezo con el paso más pequeño hacia la meta.

7. *Esté orgulloso de sus logros*

Cuando éramos jóvenes, esbozamos en qué nos proponemos convertirnos en el futuro. Sin embargo, la mayoría de nosotros nunca llegamos a ser lo que hemos dibujado. En lugar de ser un astronauta o ingeniero petroquímico, usted es probablemente un barista que apenas pasa tiempo con sus seres queridos porque trabaja durante largos períodos. Como perfeccionista, tiene que aceptar ese hecho. Deje de compararse con otros que piensan que no ha logrado lo suficiente o es posible que nunca consiga nada. En su lugar, esté cómodo en su piel y esté orgulloso de sus logros.

Cree una lista de sus logros en la última semana, mes o año. Incluso las cosas simples cuentan. El libro que terminó, ese pequeño proyecto que completó con su equipo o el mantenimiento de una casa limpia. Estos son sus logros sin ser el neurocirujano que imaginaba cuando usted tenía cinco años.

Como cualquier cambio, la confianza y el autoexamen son algunos de los requisitos para dominar cualquier tendencia perfeccionista. Pero si se encuentra con desafíos en el camino y parece que no estás avanzando, no se castigue ni se lo tome en serio. Encuentre los medios para tener éxito y disfrute del proceso. Tenga en cuenta que usted es el único responsable de su éxito o fracaso. Así que, no se rinda.

Herramientas y técnicas para recuperar el tiempo para siempre

Nunca había escuchado alguna o todas estas frases:

- Los correos electrónicos que inundan mi bandeja de entrada me están haciendo perder la concentración.
- Déjame ver mi feed en los medios sociales. ¡No tardará 5 minutos!

Si usted ha escuchado alguna de estas frases, entonces, usted sabe que la persona carece de un manejo adecuado del tiempo. La gestión del tiempo implica la organización de tareas y la asignación de tiempo a actividades específicas (profesionales o personales).

Antes de profundizar en estas herramientas y técnicas, recuerde que las tareas, el tiempo, las personas y la información son las cuatro áreas clave para cualquier sistema de gestión del tiempo que tenga éxito. Por lo tanto, usted debe tener cualquiera de estas cuatro herramientas esenciales:

- **Cuaderno de notas**

Un buen cuaderno es el que con más frecuencia falta también en los sistemas de gestión del tiempo de las personas. Sí, es bueno tener un montón de post-its o un bloc de papel en su escritorio. Pero debería guardar todas sus notas en un solo lugar. Por lo tanto, cuando necesite recuperar cualquier información, puede ir a ese lugar.

- **Libreta de direcciones**

La mayoría de la gente no ve el valor de una buena libreta de direcciones porque ahora vivimos en un mundo superconectado. Sin embargo, cuando necesite conectarse con un contacto valioso, LinkedIn, Instagram, Facebook o Twitter pueden decepcionarlo. Su mejor opción es guardar todos los números de teléfono y direcciones de correo electrónico de los contactos en un lugar seguro y tratarlos como si fueran de oro.

- **Calendario**

Si no sabes cómo y dónde pasar tiempo, sería difícil manejarlo. Es más fácil para usted programar, planificar y hacer un seguimiento de su tiempo con un buen calendario. No sólo puede hacer un seguimiento de la hora de sus reuniones, sino que también puede hacer un seguimiento de la hora de sus tareas y proyectos.

- **Lista de cosas por hacer**

Una buena lista de tareas es la piedra angular de cualquier sistema de productividad. Esta herramienta de gestión única debería completar su arsenal de herramientas. Sin embargo, no olvide releer las razones comunes por las que las listas de tareas fallan en el Capítulo 3 de este libro.

Por lo tanto, usted puede evitar cometer esos errores con su lista de cosas por hacer. Por último, su lista de cosas por hacer debe estar con usted todo el tiempo. Revise su kit de herramientas de administración del tiempo para asegurarse de que tiene las cuatro herramientas esenciales de administración del tiempo.

Cuando usted puede planear y realizar sus rutinas diarias dentro de los marcos de tiempo especificados, entonces, usted es un buen administrador del tiempo. De esta manera, usted puede llevar a cabo sus actividades con un compromiso más significativo. Afortunadamente, la tecnología ha hecho posible optimizar cada minuto del día. En esta sección, descubrirá siete herramientas y técnicas que utilizo, y estoy convencido de que mejorarán sus habilidades de gestión del tiempo y su productividad.

1. *Un sistema de gestión del tiempo*

Una correcta organización de sus tareas diarias es uno de los pasos que puede dar para mejorar su productividad y no apestar en la gestión del tiempo. En cualquier proceso de autoorganización, la creación de listas de tareas es un paso esencial. Es posible que tenga que probar algunos métodos de la lista de cosas por hacer para descubrir cuál es el más adecuado para usted. Su lista de cosas por hacer podría ser una versión electrónica elegante en su dispositivo móvil u ordenador. Pero se puede hacer con papel y lápiz a la antigua, que se marca después de completar cada tarea.

Una visión general de cada actividad significativa es su primer paso cuando tiene proyectos de alto nivel. A continuación, puede dividirlos en tareas específicas y organizarlos en el orden en que deben realizarse. No olvide añadir fechas límite a cada tarea.

Estos son tres ejemplos de sistemas que puede utilizar

- **The Now Habit por Neil Fiore.** Este sistema le enseña a usar un orden inverso para construir su lista de tareas. Llene su calendario con tiempo libre realista, actividades comprometidas y tareas programadas. A continuación, utilice diferentes estilos de vida y reglas de programación para asignar sus tareas a los tiempos restantes.
- **La versión final de Mark Forster.** De la lista de tareas, usted ha escrito para el día, lo ha repasado e identificado la tarea más importante. Complete esa tarea, luego, identifique la siguiente tarea más importante. Complete y repita el proceso hasta que culmine toda la tarea para ese día.
- **Getting Things Done por David Allen.** Realice una descarga cerebral de sus tareas en papel. Luego, reordénelos en orden de importancia. A continuación, fije una fecha límite para la finalización y póngase a trabajar. Revise sus planes de ejecución periódicamente y, cuando sea necesario, haga ajustes.

2. *Lista de palabras clave*

Con Wunderlist, puede crear listas de tareas, organizarlas en carpetas y configurar recordatorios para que le avisen cuando la fecha límite esté próxima. Wunderlist tiene una interfaz de usuario encantadora, y todas sus características funcionan eficazmente en todos los dispositivos (teléfono móvil, tableta u ordenador).

3. *Remember the milk*

El plan gratuito le permite crear tareas y sincronizarlas en cualquier plataforma, incluyendo sus correos electrónicos. De este modo, puede acceder a sus tareas en cualquier momento. Perfecto para gestionar tareas personales, Remember The Milk está disponible para Android e iOS.

4. RescueTime

¿Siempre siente que el tiempo pasa muy rápido y que es casi imposible para usted completar sus actividades diarias? Entonces, la aplicación RescueTime es su mejor opción. Con él, puede realizar un seguimiento de sus tareas en línea. Mida su progreso y descubra el tiempo que pasa postergando.

5. Todoist o Trello

Todoist es una aplicación basada en la nube y una aplicación móvil. Puede acceder a sus tareas Todoist en múltiples sistemas operativos e incluso compartir sus tareas con otros colegas. Además, muestra los plazos de entrega. Usted puede jugar fácilmente con las características porque tiene un diseño intuitivo. Primero, escriba su proyecto, luego divídalo en tareas específicas y adjunte una fecha límite a cada una de ellas. Ahora, asigne un nivel de prioridad a cada tarea (hay cuatro niveles de prioridad). Puede mover las tareas para que se adapten a su tiempo disponible.

Si tiene un equipo pequeño, puede utilizar Trello para visualizar los proyectos de su equipo. Dentro de Trello, puede asignar tareas a cada miembro del equipo, crear juntas que representen proyectos y crear varias listas dentro de cada junta. Hay una serie de tarjetas para cada lista. Las cartas representan tareas. Por ejemplo, puede crear una pizarra para un proyecto específico, dividir la pizarra en listas (las etapas del proyecto) y, a continuación, organizar las tareas de cada individuo en una serie de tarjetas.

6. Pausas de relajación

Usted debe tomar tiempo de su trabajo; esto aumentará su productividad. Después de un período de concentración sostenida, su cuerpo necesita una liberación, y su mente necesita un tiempo muerto. A veces, desarrollas ideas frescas a partir de tu tiempo muerto. La mejor manera de ayudar en este proceso es caminar 5 minutos desde su lugar de trabajo. Si usted no toma descansos intencionalmente, su mente lo hará por usted vagando cuando esté cansado.

Utilice la aplicación FocusMe para establecer pausas obligatorias o recordatorios de pausas.

7. *Técnica de gestión de procesos*

Cuando usted tiene tareas personales o tareas de negocios, entonces, las herramientas y técnicas de administración del tiempo discutidas anteriormente son excelentes. Sin embargo, cuando su negocio crece, y usted necesita manejar procesos masivos o tiempo de equipo, entonces, la técnica de administración de procesos es un sistema más efectivo. Esta técnica traza el mapa de las operaciones primarias de una empresa y establece plazos para cada tarea. Además, añada una configuración de alertas que sirve como base de priorización. Así es como funciona la configuración de alertas para una tarea de reserva de pasajes aéreos:

- La persona a cargo recibe un correo electrónico cuando usted alcanza el 50% del plazo de la tarea.
- Verá un indicador visual rojo cuando llegue al 70% de la fecha límite de la tarea.
- Al 80% de la fecha límite de la tarea, la persona a cargo recibe un nuevo mensaje.

8. *Evernote*

Esta herramienta gratuita de productividad le permite organizar sus imágenes, pensamientos e ideas en varios formatos (audio, texto o imágenes). También puede grabar sus discursos, entrevistas y reuniones. Incluso puede compartir sus archivos adjuntos de voz o texto con sus amigos. Optimiza su tiempo sincronizando la aplicación Remember The Milk con Evernote. Podría decirse que una de las características más útiles y populares de Evernote es su cortadora de web. Esto es similar a los marcadores de los navegadores web. Web

Clipper le permite "recortar" párrafos de texto, imágenes o páginas web enteras a Evernote. Los elementos recortados pueden organizarse, almacenarse y buscarse como notas normales. Incluso puede añadir anotaciones a los elementos "recortados" en Evernote. Usted puede vincular Evernote con Gmail, Outlook, Google Drive, equipos de Microsoft, Salesforce, Slack y la mayoría de las otras aplicaciones en su dispositivo móvil o PC.

9. MyLifeOrganized (MLO)
Si usted tiene dificultad para organizar sus objetivos, trabajar con su lista de tareas o gestionar todas sus tareas, esta aplicación es su mejor opción. Esta herramienta de productividad le ayuda a centrarse en los pasos reales para lograr sus objetivos. Considera las prioridades establecidas (urgencia, importancia, fecha de inicio y plazos de finalización) para identificar automáticamente la primera tarea.

CONCLUSIÓN

Usted puede convertirse en un maestro del tiempo cuando practique las técnicas y utilice las herramientas recomendadas en este libro. Recupere su tiempo del trabajo ocupado, tenga más horas para pasar con sus seres queridos y mejore su vida personal. La razón principal por la que hemos mejorado nuestras habilidades de gestión del tiempo es para aumentar nuestra experiencia de placer, felicidad y la calidad general de nuestras vidas. Tres cosas determinan en gran medida la calidad de su vida:

- Vida interior

- Salud

- Relaciones

- **La vida interior** implica sentirse bien con su personalidad y carácter, quererse y llevarse bien con usted mismo. Se necesita tiempo y reflexión para mejorar su vida interior.

- **Salud.** Ningún nivel de éxito vale la pena tener una mala salud. La mayoría de las veces, el mejor uso de su tiempo implica irse a dormir temprano y tener una buena noche de sueño. Además, tómese un tiempo para descansar adecuadamente, hacer ejercicio regularmente y comer los alimentos adecuados.

- **Relaciones.** Haga tiempo para sus seres queridos. Las personas más influyentes en tu vida son las que te importan y las que se preocupan por ti. Por lo tanto, no se deje atrapar en tantas cosas a expensas de las relaciones vitales con sus seres queridos. Una vida equilibrada es una gran vida. Usted encontrará mayor satisfacción y alegría al mejorar la calidad de su vida. Permítanme dejarles con las palabras de un viejo y sabio doctor. "Habiendo hablado con mucha gente cuando están a punto de morir, ningún hombre de negocios en su lecho de muerte deseaba pasar más tiempo en su oficina."

Usted acaba de aprender pasos y estrategias probadas para administrar su tiempo de manera eficiente y efectiva. Esto significa que ahora puede mejorar su productividad y alcanzar sus objetivos. Aun así, guardar toda esta información en su cabeza no le servirá de nada si no la aplica. Por lo tanto, le animo a que vuelva al capítulo 1 e identifique las razones por las que está fallando en la gestión del tiempo. Luego, revise los pasos en los capítulos siguientes y comience a implementarlos de inmediato.

Cuando implemente los pasos y estrategias de este libro, verá una marcada mejoría en su vida. Tendrá más control y tiempo para usted. Comience cada día con un logro que le dé energía. Esto puede ser un entrenamiento físico o una meditación.

Al principio, la implementación de estas técnicas puede hacer que se sienta incómodo. Pero las recompensas pueden hacer que su día sea altamente productivo. Experimentará una mayor confianza porque será más enérgico. Una vez que sus planes y actividades semanales se conviertan en un hábito, desafíese a crear un plan mensual.

Con el tiempo, usted debe desarrollar un plan de 3 meses, 6 meses y un plan anual. Tómese un fin de semana libre al final del año para reflexionar sobre el año anterior y planificar para el nuevo. Asegúrese de programar sus eventos, vacaciones y proyectos en su plan anual. Planificar su futuro con un plan bien diseñado puede calmar sus nervios en este mundo de incertidumbre.

Cuando usted está a cargo de su tiempo, ha mejorado la confianza que es notable para los demás. Ahorrar tiempo implica invertir algo de tiempo para planificar, hacer cambios y mejorar su vida. El consejo más significativo que puedo darle en este momento es: ¡no se pierda en la maleza! Con esto, quiero decir, no se pierda en cada pequeño detalle.

Para ser bueno en el manejo de su tiempo, es necesario que tome medidas en lugar de tratar de poner en orden hasta el último detalle. Incluso si usted se siente inseguro acerca de si está haciendo las cosas correctamente o no, es mucho más importante comenzar. No puedo enfatizar esto lo suficiente. Prometo que los resultados vendrán con un poco de práctica y experiencia. Eso es lo único que lo separa de alcanzar las metas que desea. No se preocupe si todo es 100% perfecto o si se siente escéptico de si esto funcionará o no para usted. Sólo hágalo. Todas estas excusas no harán más que frenar su crecimiento. Actúe ahora, no mañana. Su éxito depende de la acción que tome hoy.

Voy a desafiarte a que seas responsable. Llame a un amigo de confianza y comparta su objetivo de una mejor administración del tiempo. Así es, usted tendrá que rendir cuentas. Porque esta vez no va a fallar. Esta vez va a mejorar en la gestión de su tiempo. No importa quién sea usted, puede administrar su tiempo con mayor eficiencia. Usted lo merece. Así que, adelante, empiece ahora, ¡porque le espera una mayor productividad y una vida mejor!

www.ingramcontent.com/pod-product-compliance
Lightning Source LLC
Chambersburg PA
CBHW031107080526
44587CB00011B/870